战国戎人造车

甘肃省文物考古研究所 编

赵吴成　马玉华 著

文物出版社

图书在版编目（CIP）数据

战国戎人造车 / 甘肃省文物考古研究所编；赵吴成，
马玉华著. -- 北京：文物出版社，2020.8
　　ISBN 978-7-5010-6717-6

　　Ⅰ.①战… Ⅱ.①甘… ②赵… ③马… Ⅲ.①车马器
—研究—中国—战国时代 Ⅳ.①K875.34

　　中国版本图书馆CIP数据核字（2020）第135311号

战国戎人造车

编　　者：甘肃省文物考古研究所
著　　者：赵吴成　马玉华

装帧设计：李　红
责任编辑：杨新改
责任校对：陈　婧
责任印制：苏　林

出版发行：文物出版社
社　　址：北京市东直门内北小街2号楼
邮　　编：100007
网　　址：http://www.wenwu.com
邮　　箱：web@wenwu.com
经　　销：新华书店
印　　刷：天津图文方嘉印刷有限公司
开　　本：889mm×1194mm　1/16
印　　张：15.25
版　　次：2020年8月第1版
印　　次：2020年8月第1次印刷
书　　号：ISBN 978-7-5010-6717-6
定　　价：360.00元

目　录

自　序 008

壹　张家川回族自治县历史沿革 011

贰　马家塬墓葬简介 012

叁　马车产生的历史背景和陪葬车的等级 022
　（一）历史背景 022
　（二）陪葬车制度 022
　（三）马家塬戎人的陪葬车制度 024
　（四）车辆形制 028
　（五）对车舆"戎人制式"和"殷周制式"的思考 032

肆　马车的构造和组成 038
　（一）辀的形制及功用 038
　（二）衡的形制及功用 040
　（三）轭的形制及功用 042
　（四）伏兔、当兔的形制及功用 043
　（五）轮的形制及功用 045
　（六）辐的形制及功用 045
　（七）毂的形制及功用 046
　（八）铜和钉的形制及功用 047
　（九）车轴的形制及功用 049
　（十）舆厢的形制及功用 049
　（十一）軎的形制及功用 050
　（十二）车伞的形制及功用 051

伍　对辀架结构发展演变的认识 053

陆　车辆的式样及复原 054

　　一　马家塬车辆的式样及复原 054

　　（一）Ⅰ型车的复原 054

　　（二）Ⅱ型车的复原 102

　　（三）Ⅲ型车的复原 134

　　（四）Ⅳ型车的复原 156

　　（五）Ⅴ型车的复原 157

　　二　墩坪车辆的式样及复原 161

柒　牛车 164

　　（一）牛车复原及改装 164

　　（二）改装设计思想 167

捌　车辆的设计制造方法及拆解复原新认识 168

　　（一）舆厢结构的装配方法 172

　　（二）车伞构造及安装方法 172

　　（三）车衡构造及安装方法 175

　　（四）轭环构造及安装方法 176

　　（五）车轭构造及安装方法 180

　　（六）车踵构造及安装方法 182

　　（七）车毂构造及制造安装方法 182

　　（八）车轮构造及制造方法 185

　　（九）辖、軎、帽的安装组合方法 185

（十）珠饰穿系方法 186
（十一）各部件的连接方法 187

玖　车辆的工艺装饰设计和纹样 193
（一）车饰类 193
（二）制作方法 196
（三）马家塬陪葬车装饰纹样分析 198

拾　从甘肃战国戎人墓管窥中西文化交流 202

拾壹　族属的探讨 221

拾贰　西戎之遥想 229
（一）戎人的装束 229
（二）戎人的祭祀 234

后　记 242

自 序

从 20 世纪 80 年代开始，在陇东地区甘谷毛家坪遗址的发掘，标志着早期秦文化研究的探源拉开了帷幕。2006 年开始，在甘肃张家川回族自治县木河乡马家塬发掘戎王贵族墓地之后，学术界对早期秦文化的研究又有了新认识，增加了秦文化探源的热点。与早期秦人有关的西部戎人游牧民族的文化遗存，也逐渐显现出与秦文化的密切关联。但是从文化特点来看，西戎文化又有别于秦文化。

在甘肃东部地区，陆续揭开了西周至战国时期的西戎游牧民族文化。如秦安王洼戎人墓地[①]、漳县墩坪戎人墓地[②]及清水、庄浪等地区的墓地，都陆续出土和发现了同类型的马车和车马器，尤其是马家塬战国墓地所出古车，是 21 世纪最重要的考古发现之一。这些车迹均为木质结构。从独辀车的整体车形，到车辆青铜车舆构造部件及用金箔、银箔的装饰纹样，基本上是依靠漆皮和木质腐朽后留存的空腔、朽木痕迹保留下来的。本书将 2006~2017 年发掘的甘肃东南部地区的戎人墓地所出独辀马车和其他车马器全部收纳其中。古车复原，不仅仅只对古车的外观复原，更重要的是还原戎人造车的方法和技巧，如针对车舆珠饰片串式的穿系方法，进行了破解；还有青铜车构件，在独辀车上正确安装方法的拆解分析，这是最值得了解的部分。本书绘制了详细的破解、拆解分析图，并对车辆的制造技术及工艺美术装饰做详细的论述，希望能完整地阐释、图解并再现甘肃东部战国时期戎人造车的原貌，让读者从中去感悟戎人造物时的精思微虑和智慧，并给研究者提供直观、真实的视觉效果，给同好的深入研究抛砖引玉。

从 2006 年发掘至今的甘肃张家川马家塬墓地，是西周至战国时期属西戎一支游牧民族的首领及贵族墓地，共查明墓葬 80 座，出土独辀马车 40 余辆；2009 年在甘肃秦安五营乡王家洼村北部的老爷头山南坡台地上，发掘战国戎人墓葬 30 座，其中 M1、M2 和 M3 葬有古车，虽然被盗扰，但车迹清晰。王洼墓地也属于西戎部族，是另一支不同分支的戎族，与马家塬戎人墓，既有整体的相似性和统一性，又在部分细节上有着自己独特的风格。

2014~2019 年在甘肃漳县墩坪遗址，也发掘 159 座战国早中期戎人墓，墓中随葬有马车及车饰件。这些在不同地区发掘的墓葬都有相同的葬车习俗和马、牛、羊头骨、蹄骨殉牲习俗，尤其从出土的车马迹及饰

① 甘肃省文物考古研究所：《甘肃秦安王洼战国墓地 2009 年发掘简报》，《文物》2012 年第 8 期。

② 甘肃省文物考古研究所：《甘肃漳县墩坪墓地 2014 年发掘简报》，《考古》2017 年第 8 期；甘肃省文物考古研究所、漳县文物管理所：《甘肃漳县墩坪墓地 2015 年发掘简报》，《文物》2019 年第 3 期。

件来看，造车技术上既有整体的相似性和统一性，又有在青铜构件上的不同之处。在甘肃清水县的白驼乡刘坪村东约 2 万平方米的区域内，分布有先秦墓群，曾多次出土北方草原地带风格的文物。清水县博物馆和甘肃省博物馆，收缴、征集和清理墓葬所得的文物共有 600 多件[3]。这批文物有许多与张家川马家塬、秦安王洼戎人墓相似的车马件和金饰片。还有在庄浪县赵墩乡石嘴村一带也发现有与马家塬相似的铜车舆"肘"件和铜卧鹿等[4]。这也说明在战国时期，这几个地区都有戎人活动。墩坪遗址也有齐家文化和寺洼文化墓葬，经研究显示，无论从遗存的文化特征还是器物组合来看，墩坪墓地与甘宁地区各遗址出土青铜文化遗存同属西戎文化，该遗存很可能与獂戎有密切关系。除墩坪墓地外，在距墩坪墓地 10 千米范围之内还发现两处同类墓地——吴家门墓地和张家岭墓地，表明东周时期漳河流域分布着一支规模较大的戎人部落。这为我们了解该区域内戎人文化面貌、社会发展进程及其在南北文化交流中的作用提供了实物资料，也为我们开展整个漳河流域区域调查提供了线索，有利于进一步开展该墓群数量、分布、文化属性及与秦文化交流等方面的研究。

综合甘宁地区各遗址所发现的战国时期戎人车迹看，从造车技术到车舆装饰，基本上是同出一脉。这说明分布在甘宁地区的戎人，有着同根同族的血亲关系，也有着游牧民族相似的生存环境和文化认知上的共性需求，只是分布在不同地区。

考古学的主要目的之一是解释和复原历史，现如今，物质遗存有着超乎典籍之上无言的可靠性，受到了学术界越来越多的关注。

中国古代的"百工"之事中，造车的地位最重。因为造车工艺最为复杂，涉及的工种最为繁多，需要多工种分工合作，所谓"一器而工聚焉者，车为多"。造车，最能体现所处的时代和国家经济文化的最高技术水平。有学者认为，马家塬墓地戎人随葬用车，属于礼仪用车，不是现实生活中的实用车，这是片面的认识。因戎人承袭和模仿了殷周王贵的礼仪葬车制度，确实出于礼仪目的。从诸多的青铜车铸件分析，确有铸件做工粗糙的现象，甚至有些车铸件是象征性的，但也有做工精良的嵌金包金的车軎件，个别车軎和辖之间有磨损的痕迹，说明此车是被使用过的实用车。

由于马家塬古车的发掘，不是毁灭式解剖，故车马隐藏结构部分不是十分明了了。随着以后进一步对车迹的发掘削剔，对车迹断层中观察分析，也使我复原的车马在不断的修正和完善。

我所复原的独辀车，其依据均来自考古发掘现场。车的尺寸提取方法，是根据所有车迹准确量取，由于车坑内填土的重力下垂直挤压，车迹变形较大，尺寸不可信。而水平挤压较小，几乎无挤压变形。所有实

③ 李晓青、南宝生：《甘肃清水县刘坪近年发现的北方系青铜器及金饰片》，《文物》2003 年第 7 期。

④ 李晓斌：《甘肃庄浪县出土北方系青铜器》，《考古》2005 年第 5 期。

测图，进行了车辆数据收集，科学地反映了原车尺寸。该墓地的古车，不能只限于几辆完整车形，就可定论构造的问题。我是从许多个车体及众多的车部件来综合分析，解析车体形制及装饰图案纹样，在考古现场随时拍照、记录。本书古车的复原研究，是基于所有古车遗迹出土车辆，进行车辆形制特征的复原研究。我用大量翔实的遗迹图片和复原马车图片对比，在合理推想复原再设计时，尽量做到以原貌照片材料作为依据，避免主观想象，更不会出现"移花接木"的现象。值得一提的是，在现场清理削剔工作时，可观察到清晰可辨的遗迹现象，如车舆及车毂上的金、银箔花饰，还有髹漆的车毂，刚清理出时色彩鲜亮、清晰，仅几十分钟后，有图案的漆皮被风吹后干裂卷曲，已经不是刚削剔出时清晰、鲜亮、完整的图形了。还有潮湿的土质，刚刮削后，车舆木框清晰可辨，等土质表层风干后，木框结构就模糊了。所以，现场提取资料及直观的观察判断，对复原研究至关重要。由于马家塬如此豪华的车马在我国尚属首次发现，因此对这批车马的保护显得尤为重要，这对深入研究早期秦文化、戎人文化以及他们之间的相互关系，研究春秋战国时期马车的发展，是不可多得的实物资料。

我在日本期间曾看到过一本《市民的考古学》，这本书图文并茂，是一本人人都可以读懂的图书，这给了我启发，我们为什么不能将最新、最前沿的古代文明研究成果，做成图文并茂的读本，让更多的人能在欣赏精美古车的同时，进一步了解我国古老的或已失传的传统文化呢？所以，我采用原貌图、复原图对比研究方法，来解读古人的造物思想，感受西戎人的设计魅力，复原西戎族生活中的智慧。本书图文互补，这样既方便一般读者了解我国古代物质文化，又能为考古工作者提供一个翔实的参照资料。

令人瞩目的战国戎人马车，它让我觉得古代的一切并不遥远，恍惚之际，推开一扇门，你就来到了古代。在科技飞速发展的今天，人类对未来充满了美好的预期，这一件件充满智慧与高技术的实物，也印证了人类的梦想。距古代，我们有多远？也许并不远，人类的昨天、前天，仍然很清晰，就像马家塬战国马车在道路上驰骋一样。

全书共十二部分：张家川回族自治县历史沿革；马家塬墓葬简介；马车产生的历史背景和陪葬车的等级；马车的构造和组成；对辀架结构发展演变的认识；车辆的式样及复原；牛车；车辆的设计制造方法及拆解复原新认识；车辆的工艺装饰设计和纹样；从甘肃战国戎人墓管窥中西文化交流；族属的探讨；西戎之遥想。

壹 张家川回族自治县历史沿革

张家川回族自治县位于甘肃省东南部、陇山西麓。原叫张川镇，又名长家川、长碧川。自汉代以来就属清水县管辖。1953年7月，经国务院批准成立张家川回族自治县，从清水县分出，与秦安、庄浪及陕西陇县分出的一部分合置为张川县。现为天水市辖自治县。早在新石器时代，这里就有人类繁衍生息，是秦的发祥地之一。

夏、商两代，本区为多民族、部落活动区，未有正式郡、县建置及名称。

西周、春秋、战国时期，本区为秦地。有西犬丘、秦亭子、绵诸、邽县、冀县（今甘谷县）和獂道（在今陇西县东部及武山县）六地。

该地系秦祖非子受封（公元前897年）以前所居。大体包括今天水市西南、礼县东北及西和县北一带，城邑在今礼县盐关堡东南西汉水南岸的台地上。秦亭为秦人的发祥地。公元前897年周孝王封非子为附庸，邑之秦。秦国、秦朝皆源于此。故址在今张川县城南秦水二源汇合处的东岸川地上。

夏商时，境内为西戎地。周孝王十三年（公元前885年），周封在汧渭之间养马有功的嬴非子为附庸[1]，在秦建邑，号嬴秦（邑在今张家川镇瓦泉村）。秦昭襄王二十八年（公元前279年），秦设陇西郡，郡治狄道（今甘肃临洮），今张川县属陇西郡。

春秋战国是大动荡、大变革的时期，也是民族大迁徙、大融合的时期。各民族之间的杂居、通婚、文化交流，带来了民族同化，相互影响、融合，也促使华夏民族与周边戎、狄、蛮、夷融合成为一个庞大的华夏民族，为统一的多民族的中央集权专制国家的形成奠定了基础。

---

① 翁独健主编：《中国民族关系史纲要》，中国社会科学出版社，2001年，第70页。

贰　马家塬墓葬简介

　　马家塬墓地，位于甘肃张家川回族自治县木河乡桃园村北约 300 米的马家塬上，是西周至战国时期属西戎一支游牧民族的首领及贵族墓地，也应该是有着血缘、姻亲关系的墓地。整个墓地面积 2 万多平方米。从 2006 年开始发掘，2007 年对马家塬战国遗址及墓葬进行了全面的钻探，截至 2018 年年底，共查明墓葬 80 座（图 1、2）。到目前为止连续发掘墓葬 78 座，祭祀坑 2 座。在这些墓葬中出土了马车和牛车 60 余辆。车辆有金、银、铜车饰件及嵌金银铁的制车饰件，整车髹黑漆朱绘，并且还有大量用来装饰车辆的绿松石珠、肉红石髓珠及大小不等的汉紫珠、汉蓝珠。在墓室随葬有青铜瓿、青铜壶、青铜茧形壶、青铜敦、银杯、釉陶杯、袋形铲足陶鬲和陶罐；棺内及墓主腰身上有大量精美丰厚的金银随葬佩饰，有金臂钏、金腰带、金带钩、金璜形项饰、银璜形项饰、

图 1　马家塬遗址全貌

金耳环及多种形制的蜻蜓眼玻璃珠，还有大量玻璃态管形珠、肉红石髓珠、金帽饰和贝串饰等。这些随葬品种类繁多、用料精良、工艺精湛，数量大，不仅有极高的历史和艺术价值，也具有很高的可观赏性。

马家塬墓葬形制有七类五型（前五类均有陪葬车，第六和第七类为次小型墓，无陪葬车）（表一）。

第一类，大型墓。仅M6一座，为平面呈长条形、有9级台阶的大型棺椁墓。

《文物》2009年第10期刊登了《张家川马家塬战国墓地2007~2008年发掘简报》（以下称《简报》），文中对M6墓葬形制的描述，有错误的判断和解读。在此非常有必要将M6做一个分析和还原。

简报上描述："墓葬结构为中间斜坡墓道、两侧阶梯式墓道的竖穴土坑木椁墓。墓口形状呈略不规则形的甲字形，口大底小，从墓口至墓底收分较多。有突出的短墓道。坑壁经过修整，光滑平整。墓葬北壁中段在中下部凸出。"我认为，起初造墓时并不是这样，墓葬形制应该是平面呈长条形，自西向东下挖了9级台阶，墓道下端为椁室（由于盗扰严重，只见椁，不见棺及人骨）。墓开口至椁室底部，深度为14.2~14.4米。西为台阶墓道，总长23.3~24米。台阶高低宽窄不等，长2.2~3.9、宽2.8~4.6、高0.42~2.08米，最高的台阶可到2.08米。下葬时，由于车马体积较大操作不便，无法顺台阶方向摆放三辆车。为了能摆放陪葬车，将9级台阶中部，上下挖一条和车辆轴长相等宽的斜坡，在斜坡上摆放

图2 马家塬战国墓地墓葬分布图

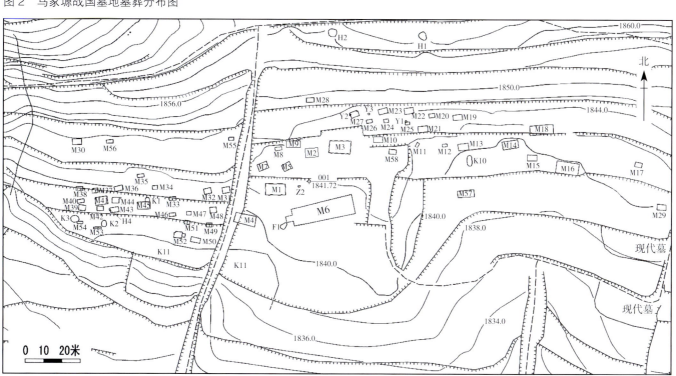

表一　马家塬墓葬形制列表

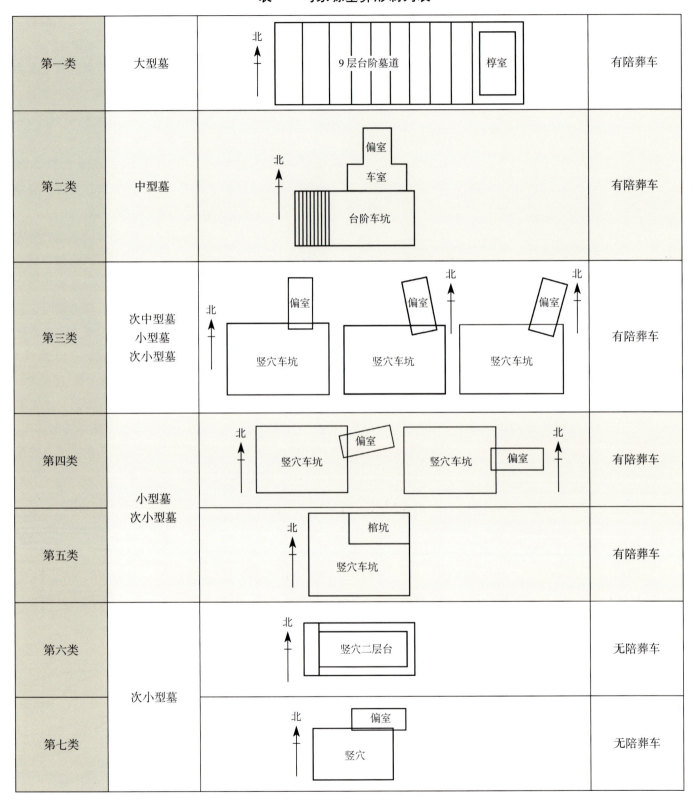

第一类	大型墓	9层台阶墓道　椁室	有陪葬车
第二类	中型墓	偏室　车室　台阶车坑	有陪葬车
第三类	次中型墓 小型墓 次小型墓	偏室　竖穴车坑　偏室　竖穴车坑　偏室　竖穴车坑	有陪葬车
第四类	小型墓 次小型墓	竖穴车坑　偏室　竖穴车坑　偏室	有陪葬车
第五类		棺坑　竖穴车坑	有陪葬车
第六类	次小型墓	竖穴二层台	无陪葬车
第七类		偏室　竖穴	无陪葬车

陪葬车，这便成了现在这样的"凸"字形。所以，笔者认为，临时的改变，不能代表这支戎人固有的（已经形成制度化）墓葬形制。M6墓葬形制应该是平面呈长条形、9级台阶的大型棺椁墓（图3、4）。从马家塬所有墓葬形制的造墓习惯上看，M6两边是9级台阶，中间带斜坡的墓道呈"凸"字形，不符合戎人的台阶式墓葬形制传统。

第二类，中型墓。为台阶墓道、车坑、洞室连为一体的偏洞室墓。墓室方向一致，有单室和双室之分。单室为券顶结构；双室为前室左右两侧立柱，室顶为棚木搭建，后室为券顶结构，北开两头龛（图5、6）。墓主多为头北脚南。台阶数为9级，如M1、M3、M16。

下面将第二类墓葬的平、剖面图列出，以示陪葬车的先后叠压关系和墓主的位置（图7~9）。

第三类，次中型墓、小型墓和次小型墓。为台阶墓道、车坑、洞室连为一体的北偏洞室墓。墓室方向一致。单室券顶结构。墓主头北脚南。台阶数在1~8级不等，如M13、M14、M29、M57（图10）。

下面将第三类墓葬的平、剖面图列出，以示陪葬车的先后叠压关系和墓主的位置（图11~14）。

根据墓葬的平、剖面图，我们可以清楚地看到陪葬车的先后次序、叠压关系和墓主的位置。

第四类，小型墓。为竖穴车坑、东偏洞室墓。无台阶，单室券顶结构。墓主头东脚西（图15）。

图3 第一类墓（9级台阶的大型棺椁墓）
　　　（M6平、剖面图）

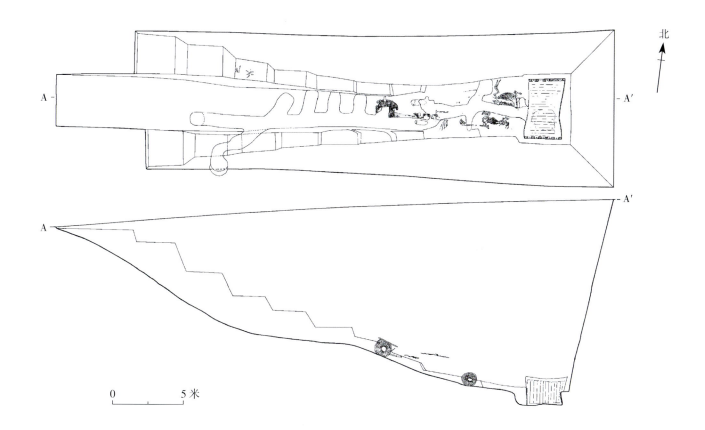

北

0   5 米

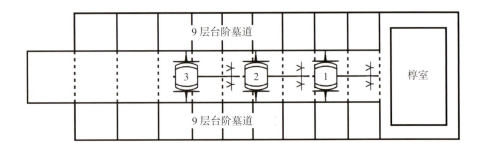

图 4　M6 墓葬形制还原示意图

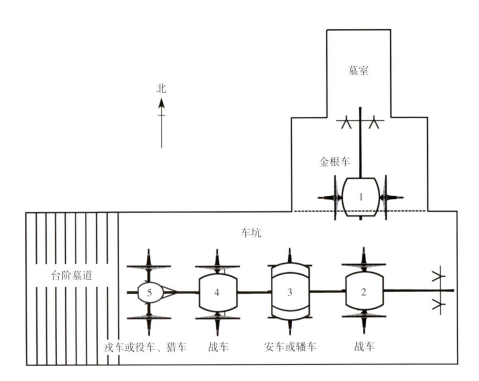

图 5　第二类墓（台阶墓道、车坑偏洞
　　　室墓）

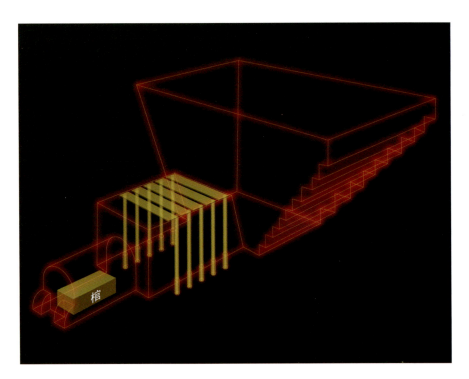

图 6　M16 墓葬全结构透视示意图

第五类，次小型墓。竖穴车坑＋棺坑墓式墓。无台阶，墓主头东脚西。这类墓目前有 M5 和 M7（图 16）。

虽然马家塬这支西戎族，所在的区域紧邻当时秦人控制的区域，或者说是和秦人交错杂居的区域。但是，戎人葬俗并未受到秦人的墓葬形制、葬玉习惯的影响。

大堡子山秦墓地的规划、墓葬形制、葬俗是商周中原文化的继承与延续，与周代诸侯国中的辛村卫国、滍阳岭的应国墓地类似。秦墓多有"中"字形墓。秦墓中出土大量的玉饰品和玉贝，玉饰品相对丰富。而在甘肃东部和宁夏南部的戎人墓葬中均不见。所以说西部的各个戎族，在对待尊祖尊族方面，只是有选择地进行了承袭。

马家塬墓地所有墓葬，都围绕着 M6，以 M6 为中心，呈半环状分布。从墓葬形制、墓葬规格、出土器物等因素综合分析，该墓地当属某位戎王的王族墓地，其年代应该为战国中晚期。该墓地出土的文物中含有大量欧亚草原地带和北方草原文化、秦文化和楚文化因素。该墓地及遗址

图 7　M1 平、剖面图

图 8　M3 平、剖面图

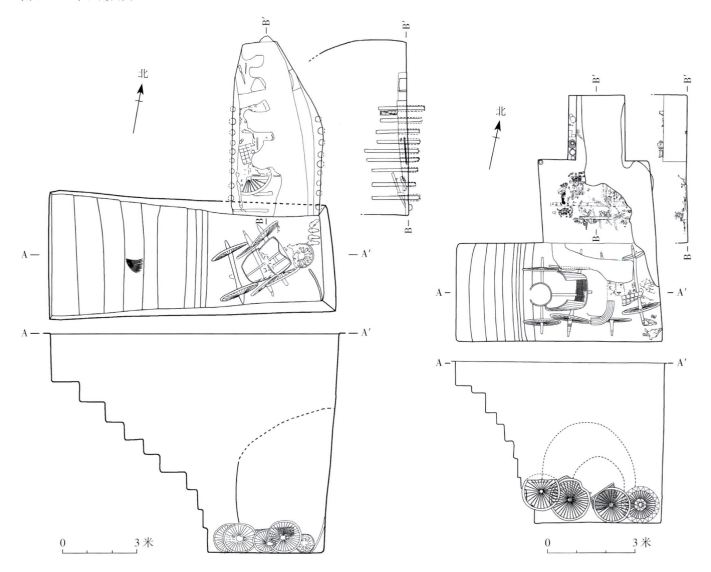

0　　　　3 米

0　　　　3 米

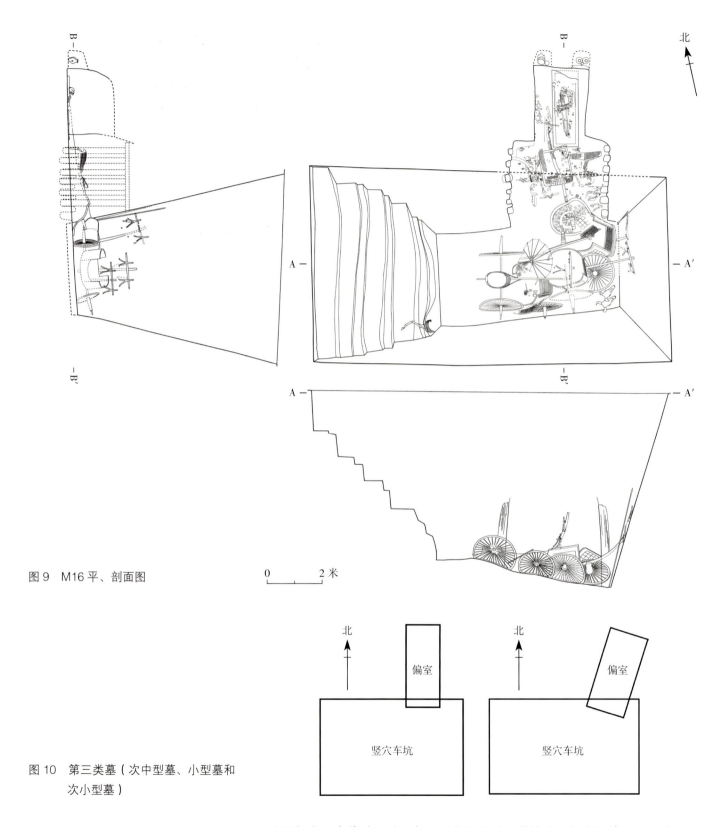

北

图 9　M16 平、剖面图

0　　　　2 米

图 10　第三类墓（次中型墓、小型墓和
　　　　次小型墓）

北

偏室

竖穴车坑

北

偏室

竖穴车坑

对研究我国古代冶金史、中西文化交流史、科技史，有着极其重要的意义。该墓地为研究秦文化和西戎文化的关系提供了重要资料，也将有助于我们对该地区青铜器、金银器、金银饰铁器的制作工艺的深入研究。多种文化因素在该墓地中的体现，为我们多角度去认识、研究战国时期秦人

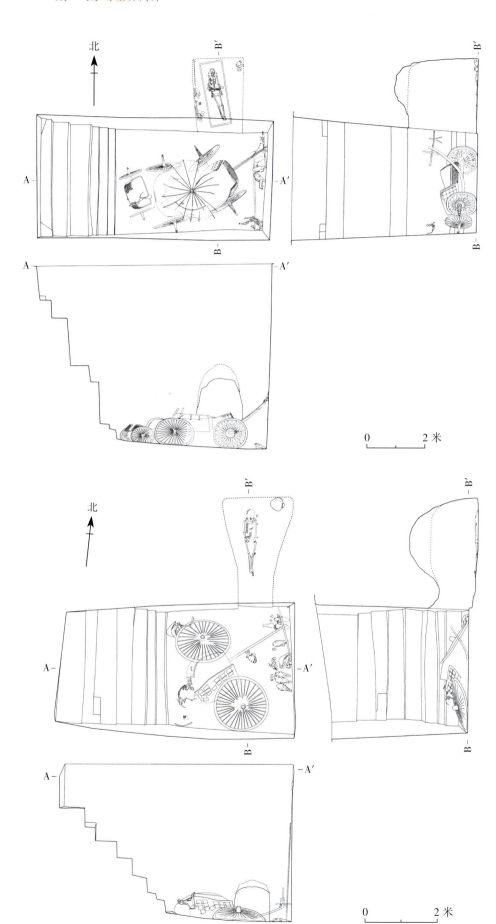

图 11 M14 平、剖面图

0 2 米

图 12 M13 平、剖面图

0 2 米

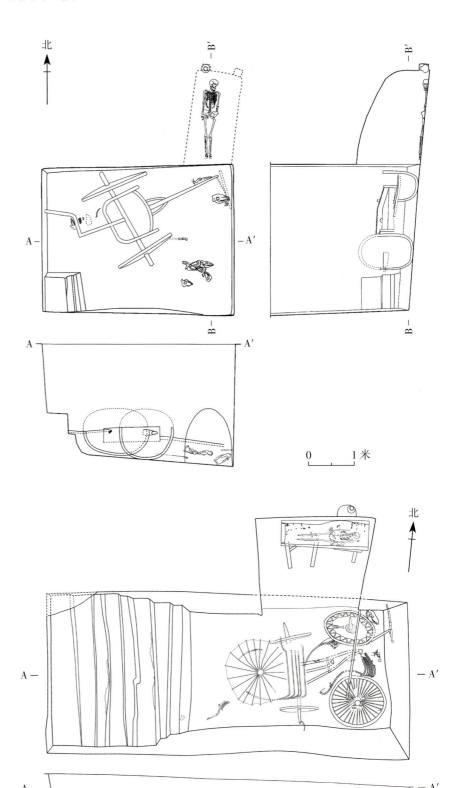

图 13　M29 平、剖面图

图 14　M57 平、剖面图

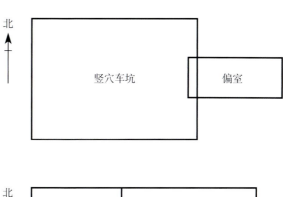

图 15 第四类墓（小型墓）

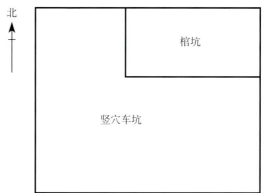

图 16 第五类墓（次小型墓）

与周边少数民族、西方文化相互间的文化交流与渗透；以及当时秦人势力在这一地区的影响，秦人崛起原因提供了不可多得的重要资料；为研究甘肃东部地区战国中晚期的文化面貌提供了新资料。

叁　马车产生的历史背景和陪葬车的等级

（一）历史背景

中国古代交通工具史上，马车经历了数千年的演变，在甲骨文、古文献中，关于马车的记载很多，在此不作赘述。

春秋战国时期，社会处于大变革的时代。手工业中，原有的工艺技术更为纯熟，又产生了许多新的工艺技术，分工更为精细。除了官府手工业外，还有许多私营手工业。由于这一时期礼崩乐溃，学术思想上呈现了一派百家争鸣的新局面。这一时期出现了很多伟大的学者、发明家，如鲁班、墨翟、李冰、孙武等，他们在机械、木工工具、土木建筑、军事思想等方面形成了很高的成就。《考工记》便是在这一社会大背景下产生的，书中仅造车，就已经有分类，从事的工种，如轮人（专门制造马车的车轮和车盖等）、舆人（专门制造车舆等）、辀人（专门制作车辕或车辀的）等明细的分工。另外，还有攻金之工（专门制造各种金属车饰件）、攻皮之工（鞣制车舆用皮革和鞀绳的制造）与设色之工（绘画、施彩装饰）等诸多的工艺技术种类。我国古代对金、银、锡、铜、铁的冶炼及合金等技术的成熟期，也是在春秋战国时期。马家塬马车整体的制造技术就是那个时期的产物。

（二）陪葬车制度

新石器时代至商、周、秦、汉以后各历史时期，墓葬制度随着社会生产力、生产关系和上层建筑的发展而不断演变，显示出一定的规律。在阶级社会中，墓葬制度体现出了阶级关系。在各个时代中，民族和地区的特点，在墓葬制度中也得到了充分的反映，陪葬车制度也是如此。

殷商是殉葬车马制度的萌芽期；西周是殉葬车马制度的发展期；春秋是殉葬车马制度的繁荣期；战国是殉葬车马制度的衰落期，这是刘允东先生对殉葬车马制度做出的分期[①]。

车辆的使用，同礼乐、服饰、佩饰、幡旗一样，有着贵贱尊卑的爵秩思想，也是整个社会思想的反映。所以，商周时期的墓葬是有严格的等级礼仪制度的，贵族及平民生前死后也各不相同。因此，由于等级制度的森严，使得不同身份人的墓在规模、深度、棺椁、随葬品等方面也有很大差别。

[①] 刘允东：《先秦车马殉葬制度初步研究》，山东大学硕士学位论文，2005年，第25页。

《后汉书·舆服志》云："汉承秦制……乘舆金根、安车、立车，轮皆朱斑重牙，贰毂两辖，金薄缪龙为舆倚较，文虎伏轼，龙首衔轭，左右吉阳，立衡，揉文画辎，羽盖华蚤，建大旗，十有二游。画日月升龙，驾六马……五时车安、立亦皆如之。各如方色，马亦如之……所御驾六，余皆驾四，后从为副车。"从这段记载，可看出先秦古车的车马出行、礼仪排列场面的顺序。

独辀车是贵族的乘载工具，是贵族炫耀权势、地位与财富的象征，也是等级、身份的标志，其制造业更是为贵族们所控制。在政治、战争及日常活动中，都依靠车来区分上下、尊卑、主次有别的等级秩序。不同级别的车子，其装饰级别亦不同。

殷周以来，墓主与葬车坑位关系，多数为异穴葬车，就是在墓主边上另外掘坑葬车马。同穴葬车占少数。

1. 车马陪葬制度的发展期

西周是车马陪葬制度的发展期。墓主与葬车坑位关系，多以异穴葬车为主。"商代的车马殉葬制度的许多特点被继承下来，……产生了一些新的随葬形式，在内容上也较前有很大不同。该时期的车马随葬已制度化，具体表现是因墓主人身份的高低而随葬数量不等的车马，且有一定的规律可循，等级差别明显。……西周时期的车马殉葬制度，既有对商代车马制度继承发展的一面，也表现出了强烈的时代特点和地域特点。"[②]

2. 车马陪葬制度的高峰期

春秋时期，车马陪葬制度发展到一个高峰期，车马陪葬现象更为普遍，车马陪葬制度与礼制进一步结合。在墓外另掘车马坑，仍是这一时期车马殉葬制度的主要形式。车马坑内埋葬方式有三类：一是车马分置作驾乘状，左右并列葬；二是车马分置作驾乘状，前后纵列葬；三是马不作驾乘状，车作前后叠压状。车马坑式的异穴葬车，制度仍然很严格。如"上村岭虢国墓地的车马埋葬就是向我们展示了一套严格的车马随葬制度。该墓地的年代自平王东迁至春秋早期"[③]。

3. 车马陪葬制度的衰败期

战国时期，陪葬车制度开始发生变化。以真车马陪葬的情况越来越少，将车体拆解埋葬现象较多，用车马模型来陪葬的现象占据主流，显示出真车马陪葬制度的动摇。车马坑陪葬的规模远逊色于春秋时期同类墓葬。

马家塬陪葬车、秦安王洼陪葬车、漳县墩坪陪葬车，应该属于陪葬车制度衰落期的同穴葬车。马家塬战国墓的陪葬车应该是介于真车和模型之间，既有真车的车架结构，又用不实用的青铜车组件来装配。还存在有将车体拆解埋葬的现象。有些车省去或简化了真车的实用性青铜件

② 刘允东：《先秦车马殉葬制度初步研究》，山东大学硕士学位论文，2005年，第25页。

③ 李学勤：《东周与秦代文明》，文物出版社，1984年。

配置，只是徒有华丽的外表。有些小型墓虽然没有陪葬车，但却葬有青铜车器或者铁质马衔等。在漳县墩坪戎人墓葬中，有类似于马家塬第五类型（竖穴车坑＋棺坑墓）的竖穴生土二层台墓。竖穴二层台是专门的陪葬车台面，而且将青铜车构件，如軎帽、车踵、舆厢后门饰、车轮泡饰象征性地按照车辆原有的位置摆放，以示陪葬车。这都是车马陪葬制度衰败的表现。车马陪葬制度的衰败期，也标志着骑兵时代的到来。

车马坑的陪葬始于殷商，盛行于两周。礼仪用陪葬车，这种葬俗一直延续至秦汉、魏晋，甚至唐代。秦汉以后，几乎全国各个地区的墓葬中都出土有小型陶质、铜质或木质的车马模型。如陕西凤翔八旗屯战国秦墓出土的陶质牛和车轮模型④，还有著名的秦铜车马⑤，甘肃武威东汉墓铜车马出行组合⑥；甘肃河西走廊中西部地区，也出土了很多汉晋时期的木质牛车模型和木马。图像类有车马出行图的壁画、画像石（砖）等等，而且画中的车马出行图，占据所在壁面重要位置。有车马礼仪出行图像墓葬，都是陪葬车马制度的痕迹，是殷周以来贵族皇室陪葬车马礼仪制度的延伸。

（三）马家塬戎人的陪葬车制度

1998 年在礼县圆顶山春秋墓发掘的车马坑⑦，2016 年在礼县大堡子山发掘的春秋时期秦墓附属车马坑 K32 号⑧，出土的车舆形制和装饰风格，与张家川马家塬和秦安王洼，以及漳县墩坪出土的战国戎人车舆形制、装饰风格，做比对后发现，除了辀架结构的制造方法相同外，完全属于两种不同的制式，没有直接的承启传播联系。秦人是异穴葬车习惯，车马的等级和用途的习俗显然受中原文化的影响，来自于殷周贵族。车舆形制也来自于殷周制式；戎人是同穴葬车，属于戎人自己的习俗（殷周制式和戎人制式的区别，详见后文）。也就是说西来的这几支戎人游牧民族，其墓葬等级和陪葬车形式，是有选择地承袭和模仿殷周贵族的车马埋葬等级制度。

同穴葬车形式、驾乘状整车葬法，是战国戎人陪葬车的特点，其墓葬、车坑连为一体。

在马家塬墓地，有全马葬的驷驾马车，如 M4-2、M6-1 和 M18-2 号车，马骨为伏卧状。大多数陪葬车，是象征性地运用马头骨或牛头骨配合蹄骨来充当畜力。这种象征性，已经是陪葬车制度衰败的表现。

战国初，车马已经广泛使用于各个领域，独辀双轮马车在形制上已很成熟。战国晚期，因战场上运用骑兵作战更具杀伤力，从而使马车在战争中逐渐转变为运输工具。春秋战国时期，各诸侯称雄，丧葬等级制度始乱。所以，才使得马家塬戎人墓中，出现如此高规格的陪葬马车。

从马家塬马车形制及陪葬排放次序，也可一窥战国时期礼仪制度和

④ 陕西雍城考古工作队：《陕西凤翔八旗屯秦国墓葬发掘简报》，《文物资料丛刊》第 3 辑，文物出版社，1980 年。

⑤ 孙机：《中国古舆服论丛》增订本，文物出版社，2001 年，图 2-1。

⑥ 甘肃省博物馆：《武威雷台汉墓》，《考古学报》1974 年第 2 期。

⑦ 甘肃省文物考古研究所、礼县博物馆：《礼县圆顶山春秋秦墓》，《文物》2002 年第 2 期。

⑧ 秦文化与西戎文化联合考古队：《甘肃礼县大堡子山秦墓及附葬车马坑发掘简报》，《文物》2018 年第 1 期。

表二　马家塬墓葬墓型、墓口面积、台阶数量、车型及数量、随葬顺序一览表

墓型	墓号	开口面积（平方米）	台阶数	墓葬形制	陪葬车数量	车型及随葬顺序
大型墓	M6	356	9级台阶	台阶式车坑棺椁墓	3辆	Ⅲ型、Ⅲ型、Ⅲ型
中型墓	M1	57.56	9级台阶	台阶式车坑偏洞室墓	5辆	Ⅰ型、Ⅱ型、Ⅱ型、Ⅲ型、Ⅳ型
中型墓	M3	29.26	9级台阶	台阶式车坑偏洞双室墓	5辆	Ⅰ型、Ⅱ型、Ⅲ型、Ⅱ型、Ⅳ型
中型墓	M16	84.83	9级台阶	台阶式车坑偏洞双室墓	5辆	Ⅰ型、Ⅱ型、Ⅱ型、Ⅲ型、Ⅳ型
次中型墓	M18	64.25	8级台阶	台阶式车坑偏洞室墓	3辆	Ⅱ型、Ⅰ型、Ⅲ型
次中型墓	M4	59以上	不详	台阶式车坑偏洞室墓	2辆	Ⅰ型、Ⅲ型
次中型墓	M14	33.6	7级台阶	台阶式车坑偏洞室墓	3辆	Ⅰ型、Ⅲ型、Ⅳ型
次中型墓	M57	35.81	8级台阶	台阶式车坑偏洞室墓	2辆	Ⅰ型、Ⅲ型
小型墓	M13	19.8	8级台阶	台阶式车坑偏洞室墓	1辆	Ⅰ型
小型墓	M15	19.25	5级台阶	台阶式车坑偏洞室墓	1辆	Ⅰ型
小型墓	M19	14.9	4级台阶	台阶式车坑偏洞室墓	1辆	Ⅲ型
小型墓	M20	9.98	5级台阶	台阶式车坑偏洞室墓	1辆	不明
小型墓	M21	23	9级台阶	台阶式车坑偏洞室墓	1辆	Ⅰ型
小型墓	M9	20	4级台阶	台阶式车坑偏洞室墓	1辆	Ⅰ型
小型墓	M10	16.5	3级台阶	台阶式车坑偏洞室墓	1辆	Ⅱ型
小型墓	M29	14.85	3级台阶	台阶式车坑偏洞室墓	1辆	Ⅴ型
小型墓	M2	19.61	7级台阶	台阶式车坑偏洞室墓	仅葬有车具	
小型墓	M5	18.23	无台阶	竖穴车坑＋棺坑墓	1辆	Ⅰ型
小型墓	M7	17.39	无台阶	竖穴车坑＋棺坑墓	1辆	Ⅰ型
小型墓	M22	10.64	无台阶	竖穴车坑偏洞室墓	1辆	不明
小型墓	M23	14.72	无台阶	竖穴车坑斜偏洞室墓	1辆	不明
小型墓	M25	9.98	3级台阶	台阶式车坑偏洞室墓	1辆	Ⅲ型
小型墓	M58	11.44	5级台阶	台阶式坑偏洞室墓	仅葬有车具	
小型墓	M60	10.12	6级台阶	台阶式车坑偏洞室墓	1辆	Ⅲ型
小型墓	M62	6.69	无台阶	竖穴东偏洞室墓	1辆	Ⅱ型
次小型墓	M8	6.12	1级台阶	台阶式坑偏洞室墓	无车	
次小型墓	M11	4.3	2级台阶	台阶式坑偏洞室墓	无车	
次小型墓	M12	4.65	3级台阶	台阶式坑偏洞室墓	无车	
次小型墓	M26	5.08	无台阶	竖穴偏洞室墓	无车	
次小型墓	M61	7.06	无台阶	竖穴偏洞室墓	有车具、马具	

驾御制度的发展轨迹。马家塬墓地出土车马的规模、数量、制作工艺及随葬品等，与墓主地位、尊卑的身份是相对应的。

下面将马家塬所有墓葬的规模大小、形制、台阶数，相对应的所葬的车型组合、陪葬车数量，做一个比较（表二），从中寻找到了一些规律。这些规律可以看到戎人承袭的陪葬车制度，已不是那样规范和严格。

从表二排比对照发现，M6应该是戎王墓，9级台阶，陪葬车只有Ⅲ型，带有"D"形车耳的安车或辎车3辆，中间的车有伞盖。

开口面积：大型墓356平方米；中型墓29.26~84.83平方米；次中型墓33.6~64.25平方米；小型墓6.69~23平方米；次小型墓4.3~7.06平方米。

台阶式车坑偏洞室墓，是该墓地的主要墓葬形制，墓道台阶、车坑、墓室连为一体。这种形制的墓，在宁夏固原杨郎的戎人墓，也有相似的竖穴土洞墓[⑨]。说明这支戎人与周边其他戎族，有着相同的葬俗习惯。从表二可看出，等级越高，台阶越多，相对面积也越大，这是普遍规律。但是墓深度的比例，不符合台阶比例。在当时实际造墓时，为达到相应的等级，在台阶上挖刻出象征性的小台阶。没有了台阶的实用功能，只是凑足相应的等级数，来迎合等级制度。那就意味着台阶的数量，是有意识选择的，使用9、8、7、6、5、4、3、2、1级台阶的等级意识。经比对发现，墓道台阶具备明确的9、7、5、3、1等级，呈单数递减的墓葬占多数。无规律台阶数墓葬占少数，如8、6、4、2等级。台阶的等级意识，因何而萌生？戎人的车辆陪葬和台阶等级制度不太清楚，我们只能先揭示葬车等级制度现象。身处华夏众族西部的游牧戎人，不可能只是受周秦文化影响这么简单。

陪葬车比较规范的有M1、M3和M16。墓葬的形制、台阶的数量、陪葬车的数量和排列，形制分明。从Ⅰ型~Ⅳ型车的车辆装饰看，用金银珠饰材料，用黑漆朱绘，还是小车舆的黑漆，特征分明，一目了然。可是M21和M5的陪葬车，既具有Ⅰ型车的装饰特征，又具有Ⅱ型车装饰的混合特征；M25的陪葬车，具有Ⅰ型和Ⅲ型车的混合装饰特征；M18髹黑漆朱绘的Ⅱ型车置于墓室内，金银装饰的Ⅰ型车置于墓道内，两种装饰类型的陪葬车错序放置。还有一个较普遍的现象，小型墓中陪葬1辆车的，多选择陪葬Ⅰ型车。

从这些墓葬台阶粗劣简单，台阶数无规律，车辆错序放置，车辆装饰特征混合等现象，说明该墓在车辆陪葬制度方面并不十分严格，似乎反映出戎人的陪葬等级制度从严谨发展到松散的过程。从墓葬形制的规整程度分析，很有可能也反映出了同时期早中晚的差别。至晚期，台阶愈粗劣简单，随葬品的丰厚程度也随之降低。从兴盛走向衰败的变化，应该就是当时戎人社会生活中车马使用的等级制度的变化。

⑨ 宁夏文物考古研究所、宁夏固原博物馆：《宁夏固原杨郎青铜文化墓地》，《考古学报》1993年第1期。

（1）大型墓礼仪用车排列

马家塬 M6 戎王只有Ⅲ型车三辆，疑为安车或辒车。在中间斜坡墓道中部顺坡排列。没有作为"保驾"的Ⅰ型车（战车）。

（2）中型墓礼仪用车排列

马家塬 M1、M16，均为 5 辆车，以Ⅰ型、Ⅱ型、Ⅱ型、Ⅲ型、Ⅳ型的排列；M3，为 5 辆车，以Ⅰ型、Ⅱ型、Ⅲ型、Ⅱ型、Ⅳ型的排列。其墓葬形制基本相同，从马车的作驾乘状，前后纵列葬的排放顺序，也确定了入葬的先后次序（图 17）。由此得知，高层贵族在现实生活中，对

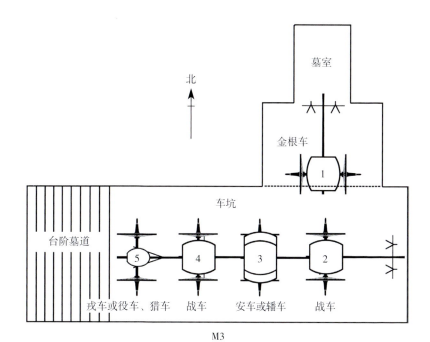

图 17　车辆随葬先后次序示意图

车马的用途和礼仪功能是很明确的。

（3）次中型墓礼仪用车排列

马家塬 M18、M4、M14、M57，为 2 至 3 辆车。M18 为Ⅱ型、Ⅰ型、Ⅲ型排列；M4 为Ⅰ型、Ⅲ型排列；M57 为Ⅰ型、Ⅲ型排列。

（4）小型墓礼仪用车

马家塬均为 1 辆车。多见Ⅰ型，少见Ⅱ型或Ⅲ型车。

（5）次小型墓

次小型墓大多数无车，个别墓只随葬有车具或马具。

（四）车辆形制

马家塬所出土的独辀马车、牛车，目前已有 40 多辆，均为木质材料，分五种车型（Ⅰ型、Ⅱ型、Ⅲ型、Ⅳ型、Ⅴ型）。现分述如下。

1. Ⅰ型车（图 18）

在 M1、M3、M4、M7、M9、M13、M14、M15、M16、M21、M57 墓中的Ⅰ型车，多放置在车坑前部，或放置在墓室内，一般整体髹漆。

装饰主要在弧形的车舆侧板、车毂及车辀部位。木栏式车舆为骨架。如 M3 和 M16 的车舆侧板，木栏呈方形纵横网状结构，左右另加弧形装饰板，装饰板中部以方形银箔做"S"形镂空花饰片，一般约为 15~28

图 18　Ⅰ型车（M16-1 号车）

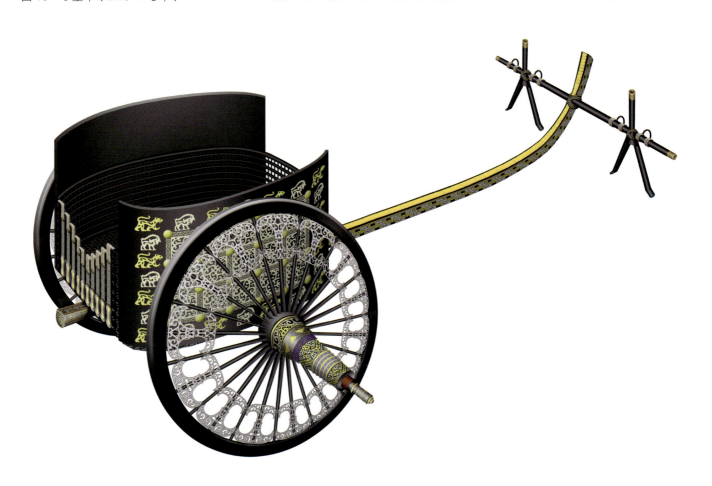

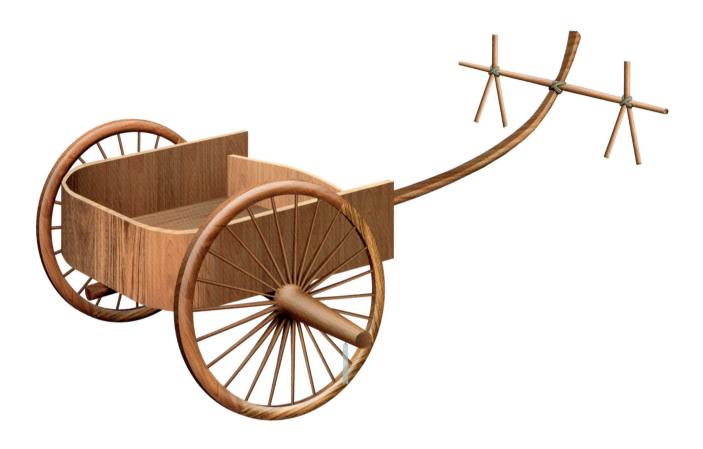

图 22　V 型车（M29-1 号车）

⑫ 中国社会科学院考古研究所：《中国考古学·两周卷》，中国社会科学出版社，2004 年，第 84 页。

⑬ 中国社会科学院考古研究所：《中国考古学·两周卷》，中国社会科学出版社，2004 年，第 76 页。

⑭ 孙机：《中国古舆服论丛》增订本，文物出版社，2001 年，图 2-1。

⑮ 甘肃省文物考古研究所、礼县博物馆：《甘肃礼县圆顶山 98LDM2、2000LDM4 春秋秦墓》，《文物》2005 年第 2 期。

栏杆的舆厢侧板；还有一种平面呈圆形和椭圆形的舆厢。我们称之为"戎人制式"。

秦人的车舆形制，继承了殷周制造技术。我们称它为"殷周制式"。理由如下：

"戎人制式"和"殷周制式"车，除了"辀上轴下""衡前轭后"的设计思路，是相同的双轮独辀造车技术外，舆厢形制及其纹样装饰上没有直接的继承关系。

（1）舆厢形制

从 1953 年开始至 90 年代间，曾多次在河南安阳殷墟发掘出殷代车马坑，这是中国考古发现的独辀车最早的实物标本。其舆厢形制，为横向的长方形。房山琉璃河燕国 M1100 车马坑⑫（图 23），长安张家坡 57M168 车马坑⑬也是这样（图 24）。让我们再看一看和西戎族交错居住的早期秦人的陪葬车马。秦始皇陵 1 号铜车⑭（图 25）、礼县圆顶山春秋秦墓⑮的舆厢形制，也是横向的长方形；2012 年早期秦文化联合考古队对甘谷毛家坪遗址进行了发掘，其中 K201 为秦人墓的车马坑（图 26），舆厢也是呈横向的长方形。

而戎人的舆厢形制大多数都是圆形、椭圆形，或者是圆角方形，与"殷周制式"舆厢没有一点相似的关联。只有马家塬 M14-3 号车，舆厢形制呈正方形，前轼向前倾斜（图 27），与山东淄河店 M2 战国墓出土的 20

表三　马家塬陪葬车型式样简表

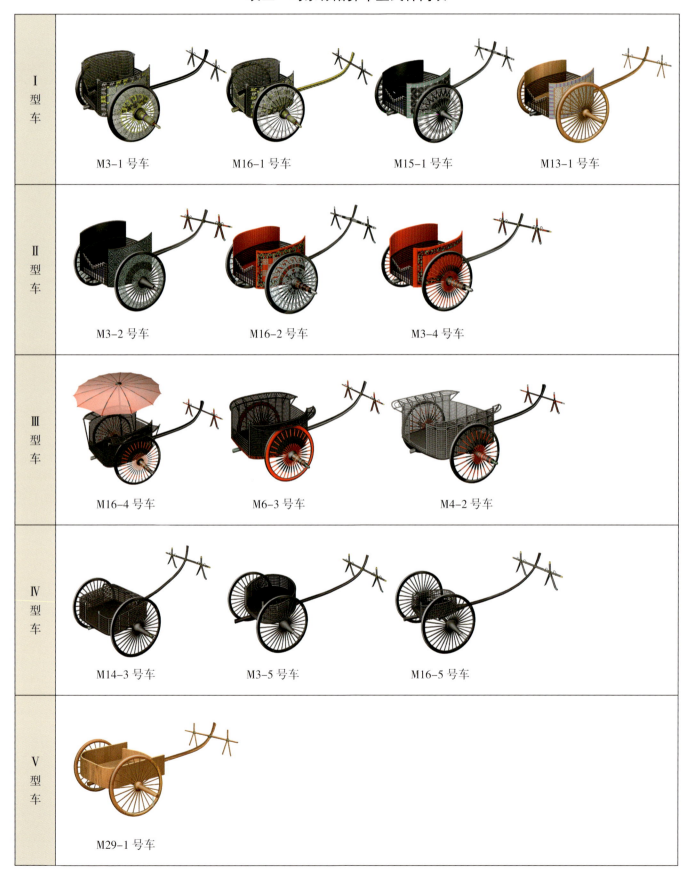

I型车	M3-1号车	M16-1号车	M15-1号车	M13-1号车
II型车	M3-2号车	M16-2号车	M3-4号车	
III型车	M16-4号车	M6-3号车	M4-2号车	
IV型车	M14-3号车	M3-5号车	M16-5号车	
V型车	M29-1号车			

北

图 23 房山琉璃河燕国 M1100 车马坑

0　　　　　1 米

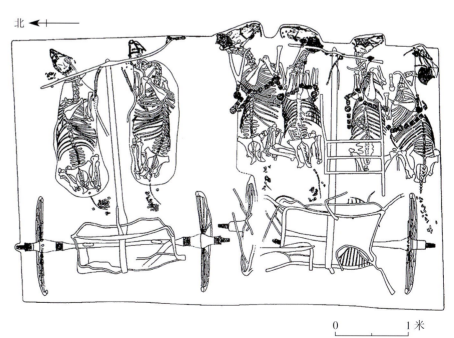

北

图 24 长安张家坡 57M168 车马坑

0　　　　　1 米

图 25　秦始皇陵 1 号铜车

图 26　甘谷毛家坪秦墓车马坑 K201

图 27 马家塬 M14-3 号车

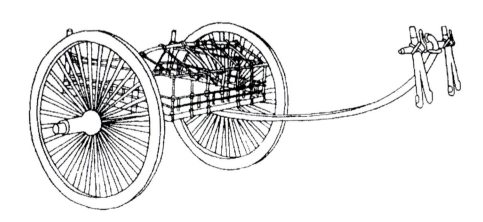

图 28 山东淄河店 M2 战国墓 20 号车
复原图

⑯ 山东省文物考古研究所：《山东淄博临淄
区淄河店二号战国墓》，《考古》2000 年
第 10 期。

⑰ 帽呈子弹头状，这是甘宁地区特有的害帽
形制。

号车较为相似⑯（图 28）。目前只发现马家塬 M14-3 号车，是受到了"殷
周制式"的影响。

（2）车害形制

"殷周制式"的车害形制多为直筒状蟠虺纹害、兽首辖，与戎人墓
出土的车害三件（害、帽、辖）一套⑰，也没有一点承启关系。

肆　马车的构造和组成

马家塬墓地出土的车辆均为双轮独辀马车，基本上由辀、衡、轭部分，舆底部的轴、轴部分，还有舆厢三大部分组成。

第一部分：辀、衡、轭的组成结构，与殷周制式车的辀架结构基本相同，也是辀下衡上、衡前轭后的束绑关系。

第二部分：车舆底部的轴、轴嵌合结构，经发现有三种："十"字式、"𣥿"三叉式、"𣥂"牛车式。

第三部分：Ⅰ型或Ⅱ型舆厢，为四面木栏式结构框架。从M1-2、M4-2和M14-2号舆厢底发现，轸框为横向的弧边圆角"目"字形。经解剖后发现舆厢底板上置与轴平行的木板。由数块木板并缝拼铺而成，每块木板宽8~10厘米、厚2厘米不等。M6-3号车舆厢内底板还见有"人"字席编织痕迹。在Ⅰ型或Ⅱ型车舆厢两侧装饰面板上端，多数舆厢安装有青铜动物，较为明显的有M57-1号和M62-1号车舆厢。M3、M4和M9也出土有锡质羊或鹿动物。

Ⅲ型车舆厢，也是四面木栏式结构框架，左右伸出车耳。为了使舆厢结构坚固，在关键的连接部位，多采用"Γ"青铜肘件固定。网状栏为纵杆穿孔过横杆，纵杆细于横杆。

Ⅳ型车舆厢，为圆形或椭圆形木栏式结构框架。见M3-5号车和M16-5号车。

Ⅴ型车木板式车舆结构，数量较少，目前只见M29-1号车。

车的系驾绳索部分，马家塬陪葬车捆扎痕迹不明确，或者不见痕迹。故没有做这方面的无据猜想。

下面将逐条解析车辆构造。

（一）辀的形制及功用

单根为辀，双根称辕。殷商至西周以来，基本形制为两轮单辀马车。马家塬战国墓地古车的辀有独辀式、三叉式和三辀式三种形式。

"辀的长度亦是依马匹体长、身高及车辆种类、大小而有不同，所谓'国马（优良的马）之辀，深四尺有七寸；田马（田猎用马）之辀，深四尺；驽马（能力低下的马）之辀，深三尺有三寸。'即以此类分。"[①]由此得知，"辀"的长度是由马的等级和车用途来决定的。

先秦古车制中，"辀""衡""轴"构成了车子的三大任木，是车

① 戴吾三：《考工记图说》，山东画报出版社，2003年，第36页。

的骨架部分。"辀"的最前端叫作辀首；首后叫"颈"，"首"略宽，"颈"稍变细。"颈"下弯曲处称"胡"，又名"侯"（喉）；辀与衡木衔接处的部分称"軏"，"軏"为销钉，估计有可能辀与衡用销钉衔接。《论语·为政》云："大车无輗，小车无軏，其何以行之哉？"辀与舆前轸相交处称"轨"，和舆后轸相交处叫作"踵"。辀的功用是前持衡，后持舆，并借以曳车前行。所以其形制是首要高，胡要曲，而轨和踵则要平，且应是用粗壮结实的长木制成（图 29）。马家塬古车上的辀，与文献记载基本相符，其截面呈"◗"形。有用金箔、银箔包饰，有黑漆素面或黑漆朱绘的装饰。

在 M14-1 号车车辀颈昂起的部分，也就是靠近车衡的部分，纵向安装有嵌金银铁飞鸟做装饰。这与《后汉书·舆服志》描写金根车上有"鸾雀立衡"的记载基本相符。晋·崔豹《古今注上·舆服》："礼记云，行前朱鸟，鸾也。前有鸾鸟，故谓之鸾。鸾口衔铃，故谓之鸾铃。今或为銮，或为鸾，是一而义异也。"许多学者误将铜质的扁圆形的铃，铃内有弹丸，铃上有辐射状的镂孔，行车时发出响声的"銮铃"，视为"鸾鸟"。我觉得"鸾鸟"与"銮铃"是两种不同的物件。马家塬古车辀颈昂起的部分贴金银铁鸟饰，应该是金根车上有记载的"鸾雀立衡"。虽然不在车衡上安装，但确有"鸾雀立衡"之用意（见图 31）。

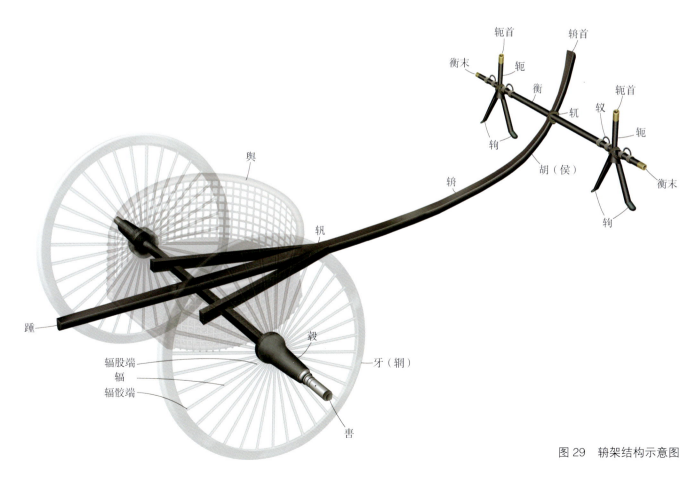

图 29　辀架结构示意图

图 30　M5 车衡结构示意图

（墓号前未注明地点者均为马家塬墓地）

（二）衡的形制及功用

衡，是辀首昂起前端的一根横置木棍，衡前轭后缚绑。中部粗，两端较细，是独辀车上的受力部件。《释名·释车》云："衡，横也，横马颈上也。"以衡上辀下、衡前轭后的关系缚绑在一起的。衡木缚绑在辀首昂起前端，就是马颈架轭的高度。以秦俑一号坑所出陶马为例，其肩高最低者 124 厘米，最高者 147 厘米，平均高约 135 厘米[②]。关于辀与衡的连接，也就是捆扎的"软连接"，起着"万向节"的作用。只有这种"软连接"，才能让辀左右的两匹服马，在左右高低不平衡的状态下，使车舆保持平衡。

车衡形制有三种。

第一种截面呈圆形，两端细中部略粗（图 30）。多见 II 型和 III 型车上，并且有施朱绘纹痕迹。衡末，有骨质、嵌金银铁质和铜质。车衡两侧还装有 4 个"Ω"形铁环或铜环，名"轵"，用以贯辔，连接马衔。辔，俗称马缰绳；衔，俗称马嚼子。M6-1 号车衡上不仅装有骨质衡末，还在铁轵环上用骨片包饰。

第二种截面呈扁弧形，两端略细，中部扁宽。这种车衡多见 I 型车，并用 6 组贴金银铁块装饰（图 31），M14-1 和 M57-1 号车，均不见用以贯辔的"Ω"形轵环痕迹，可能这种形制的车衡不装轵环。

第三种是秦安王洼戎人墓地[③]所出的车衡。M1、M2 和 M3 葬车，衡上使用"U"形铜件，而且整个衡上的铜扣件（图 32）排列明确，无轵环。"U"形铜件的实用功能：鼓形衡末上的孔洞和衡中段"U"形铜件上的孔洞大小相等，两孔洞在轭两侧也是相等间距，由此，笔者认为两个孔洞就是替代了捆绑在衡木上"Ω"形轵环的功用。由于衡木中段开孔洞，做轵环的功用，使得开孔处容易发生折断。使用"U"形铜件，来做轵环的孔洞，弥补了易折断的缺陷，既实用，又起到了美观装饰作

② 陕西省考古研究所、始皇陵秦俑坑考古发掘队：《秦始皇陵兵马俑坑一号坑发掘报告（1974~1984）》，文物出版社，1988 年，第 373 页。

③ 甘肃省文物考古研究所：《甘肃秦安王洼战国墓地 2009 年发掘简报》，《文物》2012 年第 8 期。

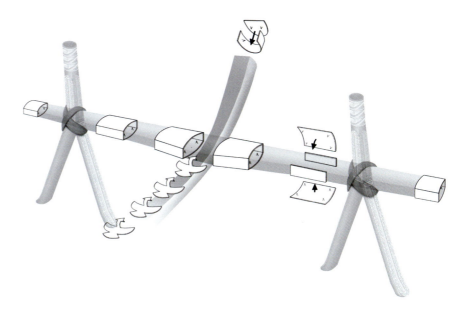

图 31 M14-1 车衡结构示意图

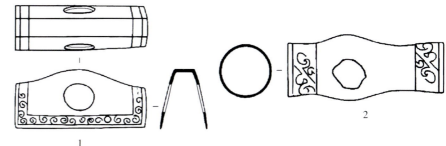

图 32 秦安王洼 M1 车衡带孔洞的铜件
　　　和铜衡末件
1. "U" 形件　2. 衡末件

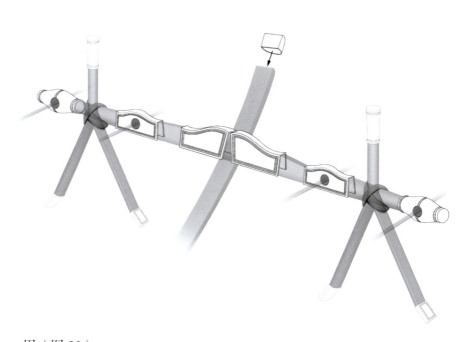

图 33 秦安王洼 M2 车衡

用（图 33）。

　　在马家塬也有像王洼墓中这样的车衡形式。如 M16-2 和 M15-1 号车，有与王洼墓中完全相同的 "U" 形铜衡件。车衡上有带孔洞的鼓形铜衡末、带孔洞的 "U" 形铜衡件。

（三）轭的形制及功用

辀之两侧在衡上缚"人"字形轭，亦叫轭叉，以衡前轭后的关系缚绑在一起的。由首、颈、肢三部分构成，两肢分叉，末端向上弯，叫轭，是架在马颈上的。这样，车舆由两轮和轭架在马颈上做支撑来保持平衡。衡、轭的连接是用革带把衡、轭绑缚在一起，衡前轭后，以轭推衡，顺乎力的走势，不易脱节。独辀车采用的是"轭靷式系驾法"[④]。轭既牵引绳拉车，起车前部的支承点作用。衡上双轭，轭两旁设有轪，用以贯辔。轪呈"Ω"形，系两匹服马。独辀车均为两马服轭引衡，衡的长度依两服马并驾齐驱的宽度为准。轭靷式系驾法，直接将"人"字形轭架在马颈上前行，一定会使马颈皮肤磨伤，应该在马颈上附加软物垫衬。现今的马拥子，就是起着保护马颈的作用。商周时期的马车已经很成熟了，应该会有轭岔贴附马颈的垫衬处理。马家塬所出马车轭首，有铜质和骨质。其形制、纹饰与衡末相同。M14-1 号车轭身用贴金银铁卷云纹装饰（图 34）。

将衡与轭固定为一体曳引车辆前行。轭在古车牵引系统中是非常关键的一个部件，马通过轭把力传递给与其连为一体的衡，由衡继而牵动辀前行，因此轭所承受的力是非常大的。在骖马乘车中，骖马不负轭，游离于衡外侧。骖马的作用力是通过靷绳直接牵引车辀及轴。

马家塬所出车轭形制有三种：一种是嵌金银铁饰块包饰。见 I 型车，如 M57-1 号车和 M14-1 号车车轭。第二种形制与 I 型车相同，多有朱绘纹痕迹，骨管式轭首，多见 II 型和 III 型车。第三种是银箔花包饰，仅见 M5-1 号 I 型车。

④ 孙机：《汉代物质文化资料图说》，文物出版社，1991 年，第 115 页。

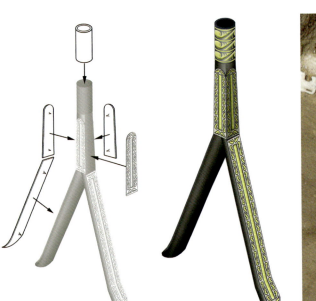

图 34　M14-1 车轭结构、装钉方法示
　　　　意图
左：装钉示意图
中：复原图
右：出土时原貌

轭首有三种。第一种嵌金银铁质，管形，如 M14-1 号车轭首；第二种铜质，帽形，如 M13-1 号车轭首；第三种骨质，管形。骨质轭首，形制、纹饰与衡末相同。

（四）伏兔、当兔的形制及功用

伏兔又称輹，因其形如伏兔得名。在车舆底部、轸两边，与轴结合的一块木质构件。《考工记》记轮之高度"加轸与輹"四尺。郑司农注曰："輹，谓伏兔也。"《说文》亦云："輹，车伏兔也。"《释名·释车》："屐，似人屐也。又曰伏兔，在轴上，似之也。"

当兔是位于辀下轴上，连接辀与轴的木质构件。它像一只深伏的兔子处在两伏兔之间，故称当兔。郭宝钧先生认为伏兔因当兔始生，当兔之名因有伏兔之形始起；并认为当兔、伏兔皆为舆底轴上垫木，以消除辀轴相交后的不平衡，所以同样起着平衡车舆之作用⑤。

在以前的考古发现的古车标本而言，其形制多也是马鞍形。上平载舆，下凹涵轴（图 35）。笔者认为戎人的伏兔一定是长条状马鞍式，骑在轴木上，舆厢左右横向伸出轸框外。只有这样，行驶中才能更好地防止车轮内移（图 36）。

从文献记载和考古发掘资料看，都是辀和轴相交形成"十"字形结构连接车舆的。在轴、辀间挖槽交合后，轴与辀仍不能处于同一平面上，便以木块（伏兔、当兔）填充轴与舆底间的空隙（图 37），再以革带缚牢加固车轴，控制车轮的位移，使其平稳运行，不至于前后越位。

我们认为，伏兔是在独辀车上使用的，而当兔是双辕车上使用的。

⑤ 郭宝钧：《殷周车器研究》，文物出版社，1998 年。

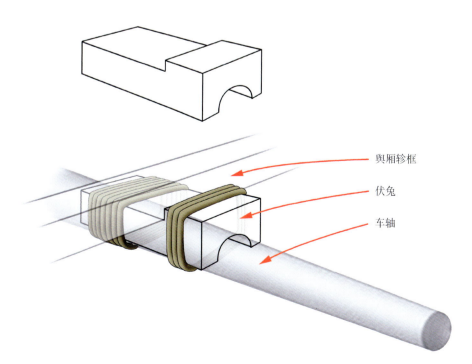

舆厢轸框

伏兔

车轴

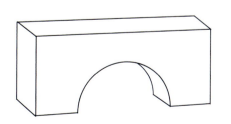

图 35 采自《考工记图说》伏兔

图 36 伏兔形制及捆绑结构示意图

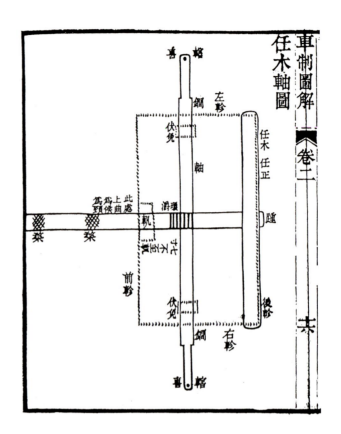

图 37 《考工记车制图解》(清·阮元著)

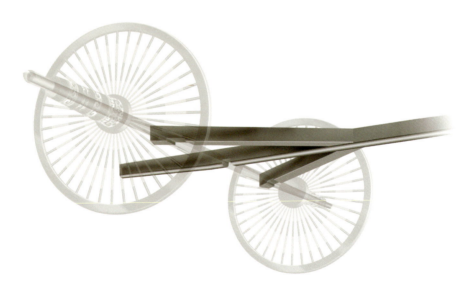

图 38 辀下凹涵轴的三叉式结合方法

　　马家塬墓地所出土的独辀车,在舆底部辀和轴相交的设计上,有新的发现。在辀两旁附加了两根斜木支架,呈"▲"形。下扣合在轴上,上承载车舆。我们对轴与车舆底板的断面土层详加观察,可清晰地看到连接辀两边的木支架,这两根木支架,实际上是代替了两个伏兔的作用,它们并不仅仅是起"承舆涵轴"的作用,且和辀共同起着支架作用,使轴和辀保持着直角 90°,从而避免因行驶转弯时,造成车辀与轴相交形成的扭曲变形(图 38),这种"▲"形辀架,仅见 M6-3 和 M29-1 号车。

由于伏兔位于舆厢轸木下、轴之间，所以在一般的发掘中很难清理和发现。且其与车舆底木一起朽化为泥土，只能区别土的颜色来识别，其形状识别更是困难。我们研究复原三叉式车轴、辀间挖槽交合关系，一是依据 M6 车辀两侧另有两根斜木与车舆底结合的实物为据；二是结合《考工记图说》中所载"承舆涵轴"式伏兔形制，来进行复原的。

（五）轮的形制及功用

《考工记》说："人长八尺，登下以为节。"马家塬所有车轮径最大为 160 厘米，最小径为 94 厘米。轮由毂、辐、牙（又称辋）三部分组成。轮牙与轮毂是由许多根车辐连接起来的。车辐的一端插在车毂上，呈放射状与辋相连。

由于轮辋是由木条弯曲而成的，所以从木条的纹理上来看，它具有最大的承压能力。辐式车轮不仅重量较轻，而且不易破裂，更富弹性，适于高速运行。轮制造的成功与否，直接关系到车子的成败。所以说车轮是车辆制造中的核心问题。牙为轮外围抱辐的大圆圈，构成轮的外围轮廓。牙截面多为椭圆形，从车轮毂、辐、牙的结构组合分析，可看到古人对斜面力、垂直结构力、滚动摩擦力的应用、平衡力已基本掌握。

（六）辐的形制及功用

轮辐的形制，《考工记》中记载把近毂的一段叫作股，把细长而圆的近轮牙的一段叫作骹。马家塬车辐近毂处为扁平状，近牙处为圆柱状。轮辐嵌入毂内的榫头称为"菑"，嵌入牙内的榫头称为"蚤"（图39）。《老子》："三十辐共一毂。"《考工记·辀人》记："轮辐三十，以象日月也。"[6]秦始皇陵出土的铜车也装有三十辐。可见车轮的辐条一般为三十根。车轮的辐数应该由少或简，逐渐发展为多辐的过程。西周时轮辐的数量有所增加，辐数的增加可使轮牙（轮圈）和轮毂承压强度得以提高，也延长了轮的寿命，提高了承载力。至春秋战国时，轴的长度稳定在 240~270 厘米，毂的长度也稳定在 40~60 厘米，这一时期车子在形制上也是比较稳定的。可是在马家塬墓地的车辐数多达到了40 根，少则也有 28 根。

辐股向内隆起，制轮为何不使轮辐平直，而必须使"牙稍偏于外，而辐股向内隆起"成为轮算的形状呢？郑玄《考工记》注为："轮算则车行不掉也。"孙机先生提到："这样在行车时辐有内向的分力，使轮不易外脱。而且装置方式能增强车轮对侧向力的反作用力，当疾驰急转时，纵使车身倾斜仍不易翻倒。所以这是一种符合力学原理的装置法。"[7]偏榫式装置法，使作用于轮毂的轴向力通过轮辐转化为径向力，将力平均分散到了轮缘上，增加了轮子的耐用性。马家塬古车，据我从车后面

⑥ 戴吾三：《考工记图说》，山东画报出版社，2003 年，第 39 页。

⑦ 孙机：《汉代物质文化资料图说》，文物出版社，1991 年，第 105 页。

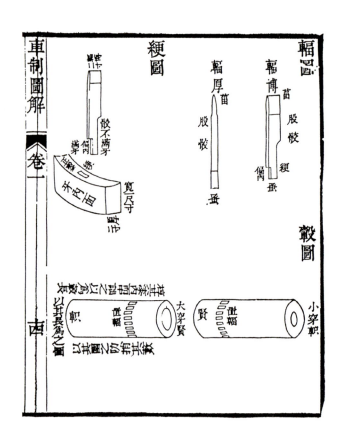

图39 《考工记车制图解》(清·阮元著)

观察，两轮多都呈"八"字形，就是说，也是采用了这种偏榫式装置法。

（七）毂的形制及功用

《说文·车部》云："毂，辐所凑也。"毂是车轮中心的圆木，外圈榫眼装辐，毂内贯轴，毂上承车舆重量，又受车辐转动时张力，还要耐车轴的摩擦，是吃力最重的部件。《考工记》中记载："叁分其毂长，二在外，一在内，以置其辐。"马家塬所出车毂痕迹，轮辐榫头入毂的位置和《考工记》记载基本相同。

毂靠近舆厢的一端较粗，名贤端；轴末的一端较细，名轵端。其形状为贤端短粗，轵端长细，中部肥大。马家塬的车毂距舆厢约15~20厘米，长（含軎）40~60厘米，毂最宽直径约20厘米。与《考工记·车人》篇记"行泽者欲短毂，行山者欲长毂。短毂则利，长毂则安"[8]的说法基本相同。

毂是轮的核心构件，试想木质毂不仅内承轴传送来的舆之重力，还要经受轮行时不停的摩擦，且外有辐条的不断推撑，其受力之巨，久之，很容易使毂木破裂。郑玄《考工记注》："今世毂用杂榆。"可见毂木的选料很重要。

黄富成先生在文中提到：这道工序完成后便形成一道道的环状凸起，偶有铜饰者，亦是以铜箍加固，不再是以前的圆筒状了。为了美观，人

⑧ 孙机：《汉代物质文化资料图说》，文物出版社，1991年，第102页。

图 40 M3 车毂上的环状凸起物

们制毂时在毂木上特意分段环刻、涂胶、缠革，打磨后油漆绘色，逐渐形成所要求的"容毂必直，陈篆必正，施胶必厚，施筋必数，畴负必干"[9]的整套工艺流程，这样不仅很好地保护并加固了车毂，也更加美观[10]。马家塬车毂外部多数都留有环状凸起物（图40），很可能是用箍加固，来增加毂的强度，防止毂开裂。如果没有合适的保护措施，一定会毂裂辐散，车毁人伤。

在车毂中贯轴空腔、外需卯眼的情况下，毂孔内径要随轴末端径的变小而收杀。试想，制长毂用整体圆木直接掏轴腔较为困难，但对半"合范"式挖取轴腔的话比较容易制造。所以我推想，制毂应该是第二种方法。舆厢的重量靠车毂来支撑，毂愈长，支撑面愈大，力愈分散，可以平衡车舆重心，行车时更安稳。

从车轮毂、辐、牙的结构组合分析，可看到古人对斜面力、垂直结构力、滚动摩擦力的应用、平衡力的基本掌握，对惯性力、拱梁结构力的认识和处理。车辆在行驶应用过程中，各种作用力的平衡及各个构件间作用力的相互作用与协调问题，古人已经有非常成熟的实践经验了。殷周时期的造车技术已经很成熟，这在历次殷周时期的考古资料中都可看到。

（八）铜和钉的形制及功用

马家塬有诸多陪葬车，经发掘解剖后发现，铜和钉这两个部件，在诸多车毂内并没有安装。原因是陪葬车辆不是当时现实生活中使用的车辆，所以它徒有外形，简化了隐藏的部件。

毂内加有金属套，直接和车轴摩擦接触，名为"钉"。相对应在轴上装钉有"铜"。

孙机先生认为，战国时，人们开始注意从内部对毂加固，即在毂中

⑨ 戴吾三：《考工记图说》，山东画报出版社，2003年，第36页。

⑩ 黄富成：《两周独辀马车构造技术的探索——兼论先秦马车的出现与形制》，郑州大学研究生论文，2004年，第28页。

⑪ 孙机：《汉代物质文化资料图说》，文物
出版社，1991 年，第 102 页。

⑫ 孙机：《汉代物质文化资料图说》，文物
出版社，1991 年，第 102 页。

⑬ 孙机：《汉代物质文化资料图说》，文物
出版社，1991 年，第 103 页。

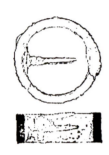

图 41　满城 1 号西汉墓出土的铁锏
（采自孙机《汉代物质文化资料图说》图 26-
10）

加钉和锏⑪。

锏，是钉在车轴上的和钉配合摩擦转动的部件（图 41）。《释名·释车》："锏，间也，间钉、轴之间，使不相摩也。"

钉，嵌在毂内，锏，套在轴上，组成了钉、锏滚动摩擦的轴承关系（图 42），成为支持和约束轴的旋转的机械零件。轴和轴承构成动连接，借以传递载荷和约束轴的运动。这是轴承工作原理。摩擦结构的工艺提高，使轴木得到了保护，也说明造车技术的进步，总是伴随着车辆在实践中的运用而逐步得到完善。据考古资料得知，1973 年，在河北易县燕下都第二三号战国晚期遗址中⑫，出土有钉；满城 1 号西汉墓出土有管状铁锏⑬，其中尚含有车轴朽木。《吴子·治兵篇》说："膏锏有余，则车轻人。"古人已经知道在锏和钉中施用油膏，来降低磨损的润滑工作原理。

我国近代民间木结构轮轴式车辆，也基本上沿袭着春秋战国时期的钉嵌在毂内，锏套在轴上，组成的钉、锏滚动摩擦的轴承关系的制造方法（图 43）。

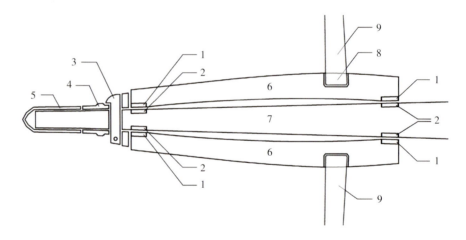

图 42　钉、锏位置配合示意图
1. 钉　2. 锏　3. 辖　4. 害　5. 害帽　6. 毂
7. 轴　8. 榫眼　9. 辐

图 43　近现代车毂中的铁锏

（九）车轴的形制及功用

车轴，是车上很重要的部件。固定在舆厢下，从毂中穿出，末端套軎贯辖，以防轮脱落。车行进中，轴本身并不旋转。车轴形制，中部截面方形，两端为圆锥形（图 44）。毂与轴为圆锥面相配合，构成了一个向心推力滑动，它既能承受径向力，又能承受轴向力，两端呈圆锥形，控制车轮内倾。车軎装在轴两头的末端，控制车轮外移。

（十）舆厢的形制及功用

马家塬马车的舆厢形制有六种[14]。

第一种是 Ⅰ 型和 Ⅱ 型，弧形木栏式结构车舆，纵杆细于横杆，纵杆穿孔过横杆，名车轮。左右两侧另加弧形木板，形成舆厢左右装饰侧板。后面用 10 组"Γ"形和亚腰形铁或铜件构成后门。

第二种是 Ⅲ 型，舆厢两侧为弧形，大小与 Ⅰ 型和 Ⅱ 型车基本相同，并在左右横出"D"形车耳。前轼低于两侧，后留有缺口，为上下车用。有的舆厢在车轮上再使用皮革缝制后红漆黑绘，如 M3-3 号车。

第三种是 Ⅳ 型，椭圆形木栏式结构车舆，后留有缺口，为上下车用。标本为 M16-5 号车。

第四种是 Ⅳ 型，圆形木栏式结构车舆，后留有缺口，为上下车用。标本为 M3-5 号车。

第五种是 Ⅳ 型，方形木栏式结构车舆，后留有缺口，为上下车用。标本为 M14-3 号车。

第六种是 Ⅴ 型，方形木板式结构车舆。前轼低于左右和后板，无后缺口。目前标本为 M29-1 号车。

经过对所有车舆网格纵横条状物的叠压关系对比观察，发现均为纵杆细于横杆，纵杆穿孔过横杆，与上村岭 1727 车马坑第 3 号车轮结构

⑭ 赵吴成：《甘肃马家塬战国墓马车的复原——兼谈族属问题》文中对古车作了从 Ⅰ～Ⅴ 的分型（详见《文物》2010 年第 6 期）。

图 44　车轴形制复原示意图

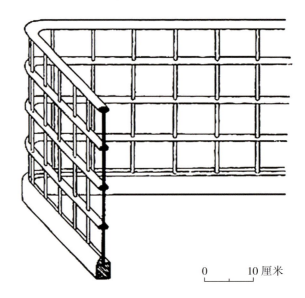

图 45　上村岭 1727 号车马坑 3 号车车
　　　轮结构（采自《上村岭虢国墓地》
　　　图四一）

0 ┊ ┊ 10 厘米

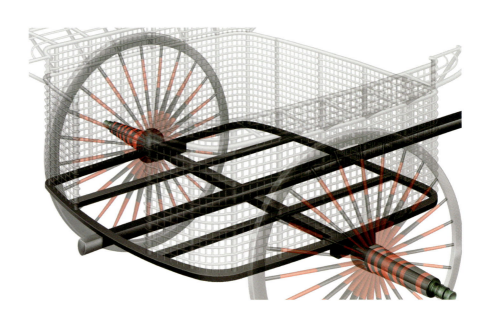

图 46　M4-2 Ⅲ型车舆厢轸框结构图

相同（图 45）。从 M1 和 M4 车舆遗迹观察，车舆底（轸木框）多都应
该是横向的"目"字形结构（图 46）。

（十一）軎的形制及功用

车軎装在轴两头的末端，通过毂起固轴阻毂和保护轴头的作用。軎内
端有键孔，贯孔装辖，长约 20 厘米，多为铜质。马家塬所出铜车軎，含
锡量较高，呈银白色。形制为前后两部分组成。由此可知，车軎的完整组
合，是軎、帽、辖三件合为一组（图 47）。还有一种外观看似三件组合，
其实是一次性铸成的軎帽一体。由于所有葬车多数只重外观装饰，减化或
省略了实用性配置。因而，多数车辆只安装车軎，或者只安装后段"帽"
部分。等级较高的车，多用错金错银图案的铁軎，异常精美（图 48）。

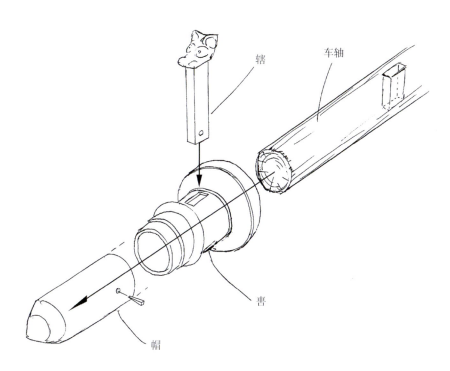

图 47 三件一体的车辖

图 48 M16-1 号车铁辖原貌、复原对比图

（十二）车伞的形制及功用

从所出的伞面颜色看，都是红色，直径 155~230 厘米不等。伞弓髹黑红相间的漆。有些车伞盖完整，有些只是象征性的。一般有伞车是在 III 型车上。在其他 I 型或 II 型车上有伞盖痕迹，但都不完整，或只有

表四　马家塬车伞盖弓数一览表

墓号－车号、型号	盖弓数	盖弓推测数	伞径
M2-1 号车（Ⅱ型）	不详		
M4-1 号车（Ⅰ型）	不详		
M6-2 号车（Ⅲ型）	不详		
M9-1 号车（Ⅰ型）	不详		
M10-1 号车（Ⅱ型）	不详		
M14-2 号车（Ⅲ型）	18 根		230 厘米
M16-4 号车（Ⅲ型）	见 11 根	16 根	160 厘米
M18-3 号车（Ⅲ型）	20 根		210 厘米
M19-1 号车（Ⅲ型）	18 根		230 厘米
M21-1 号车（Ⅰ型）	不详		155 厘米
M57-2 号车（Ⅲ型，牛车）	20 根		172 厘米
M60-1 号车（Ⅲ型）	不详		220 厘米

图 49　M1 出土铜管箍

2~5 根伞弓痕迹，或只有几个铜盖弓帽，或放置个铜管箍，做象征性的车伞。

车伞盖的形制结构，伞盖也是车制中的重要组成部分，伞盖可以遮阳避雨。马家塬诸多古车中，Ⅲ型车中多见伞盖，而且为红色，中部置伞斗，伞弓呈放射状。

铜管箍，在马家塬 M1 和 M4 都有出土（图 49）。《考工记》中对车伞结构的记载，为上下两节，上节为达常，下节名杠，又称桯。杠和达常之间有铜管箍相衔接，名"俾倪"。《急就篇》颜注亦谓："俾倪持盖之杠，在轼中央，环为之，所以止盖弓之前却也。"

马家塬墓地有伞盖的车出土了不少，但只是多见伞盖，少见伞柄，或者不见伞柄痕迹。

盖弓数有 18 和 20 根两种，直径 155~230 厘米不等（表四）。

伍　对辀架结构发展演变的认识

在马家塬墓地，发现有三种不同的辀架结构。一是"十"字形辀上轴下嵌合结构；二是"𝅘"形辀上轴下嵌合结构；三是牛车专用的"𝅘"形辀上轴下的嵌合结构。我们将几种车辆的辀架结构，还有后来汉代的双辕式、辕、轴嵌合结构的马车排列摆放，由此发现，独辀车的"𝅘"形三叉式结构，是由"伏兔"延长而生。汉代双辕式马车或牛车的辕，是由舆厢底边框左右两根轸木向前延长而生成，而辀则有可能"退化"为舆厢垫木，成为"当兔"（图50）。这符合科学的、逻辑的发展规律。中国古车从辀、轴嵌合结构，三叉式辀、轴嵌合结构的独辀车，发展到了后来的双辕、轴嵌合结构，是独辀车在使用过程中，不断总结经验，逐渐改进设计的结果。

从宏观的角度来看车辆的制造历史，"𝅘"形牛车这样迥异的辀架结构，只是马家塬战国墓地戎人使用牛车的一个特殊的"过渡型"。但却是从独辀车向双辕车的发展、演变迈出了可贵而重要的一步。可以推想，后世乃至现在仍在使用的、成熟的双辕车，就是从这种设计的车架结构，逐步演变、不断改进和发展而来的。

1976年，在陕西凤翔八旗屯战国秦墓中，出土了陶质牛和车轮模型[1]，牛长13、高19厘米，左右有车轮，轮径11厘米，毂长6厘米。木质双辕、轴、舆已朽，时代为战国初期。这是以模型形式替代真牛车，出现在墓葬中的最早范例。但是作为葬车制度的真车陪葬，到目前为止，自商以来，甘肃漳县墩坪战国早期戎人墓地的牛车，很可能是最早的实物。这是我国车辆制造史和科技史上的重要实证（有关牛车，在第七部分中有单独论述）。

① 陕西省雍城考古工作队：《陕西凤翔八旗屯秦国墓葬发掘简报》，《文物资料丛刊》第3辑，文物出版社，1980年。

辀架结构	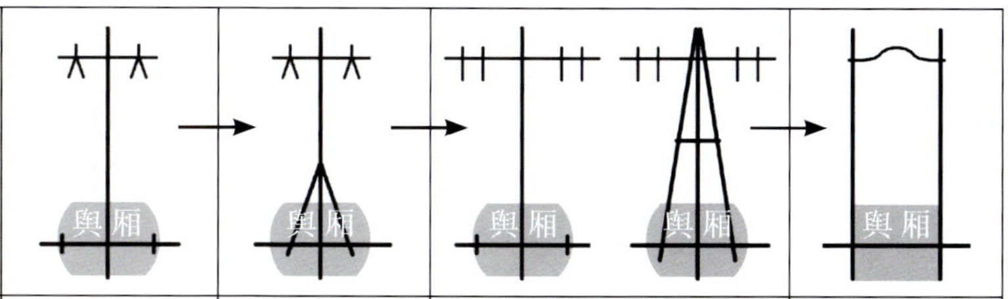				
年代	商周、战国	战国	战国		战国、汉以后
名称	独辀	独辀	独辀	?	双辕
性质	马车	马车	牛车		牛车、马车

图50　辀架结构演变示意图
注：本图没有用秦车做参考。

陆　车辆的式样及复原

一　马家塬车辆的式样及复原

马家塬车辆的式样复原采用了两种形式的复原方法：实测复原和立体透视形制特征的复原。立体透视形制特征的复原，也是基于前期进行过车辆数据收集，科学地反映了原车比例，用大量翔实的遗迹图片和复原马车图片对比，再合理推想复原设计时，尽量做到有原貌照片材料作为依据，避免主观想象出现的"移花接木"现象。车辆的绳索捆扎，仅为合理推想。

（一）I型车的复原（金根车，疑为战车）

1. M3-1号车（图51~54）

特点：整车体髹黑漆。由于盗扰严重，只有部分车舆侧板和车毂、车軎残存，另外还有几个车舆后门的"Γ"形铁件和亚腰形铁件。经比对与M16-1号车舆结构极为相似。车舆侧板装饰可复原，车轮部分根据三角形镂空花饰形状的排列、花饰外边的弧度，推测复原了车轮。车毂部分同M16-1号车车毂相似，但无法复原。根据三角形镂空花饰宽度，推测出车轮辐数为34根。车軎为铁质，并用嵌金银图案装饰。

2. M4-1号车（图55~60）

特点：整体髹黑漆。

车辀断面呈"▆"形，辀身上平面有朱绘痕迹，图案漫漶不清，只有辀首虎首纹清晰，虎首为浅浮雕式，黑漆上用朱红画虎首。

车衡、车轭缺失，未葬。

舆厢为木栏式，纵杆细于横杆，呈纵杆穿孔过横杆的网状结构。左右栏另加装饰侧板，高出木栏。侧板装饰面呈弧形。侧板中部有18块方形银箔，纹饰为一对猛禽钩喙利爪，身躯呈"S"形盘绕。每个方形禽纹相接处，用贴金银铁条扣压，每个铁条十字交汇和结点处，由一个半球形铜泡钉固定。外围用细密的乳白色玻璃态球形串珠做装饰。串珠上层装饰金箔虎和银箔羊，呈行走状排列。车舆后门有10个"Γ"和10个亚腰形嵌金银铁质饰件做装饰。

车舆内有铜伞箍一对，并有少量伞弓痕迹和铜盖弓帽。车伞盖为象征性的，形制不明确。

图 51　M3-1 号车复原效果图

图 52　M3-1 号车车迹原貌、复原对比图

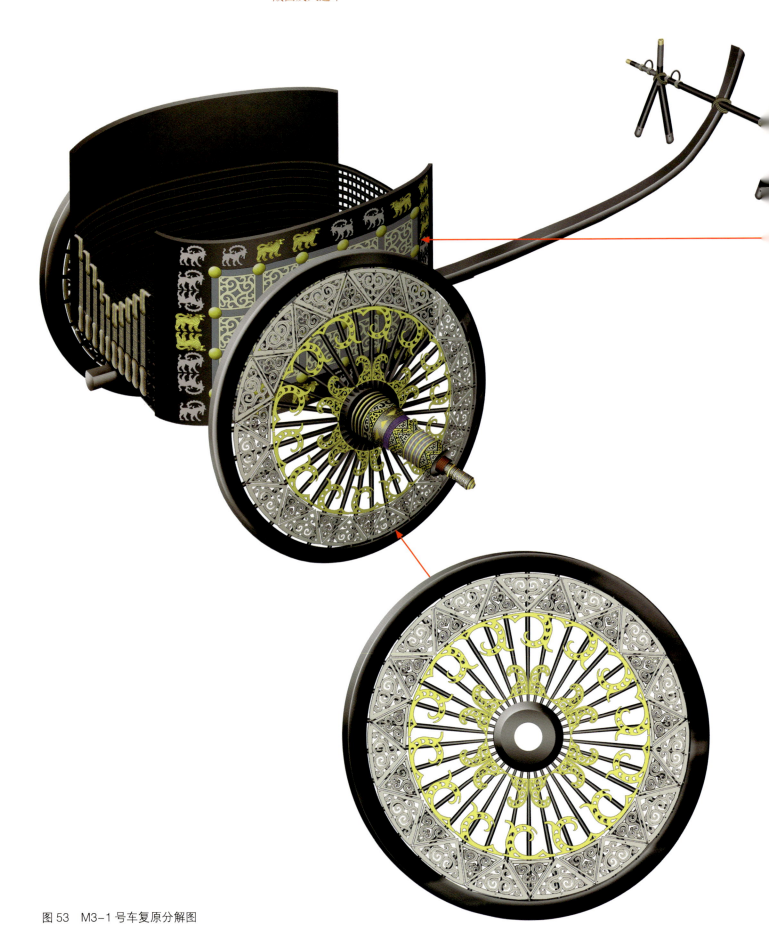

图 53　M3-1 号车复原分解图

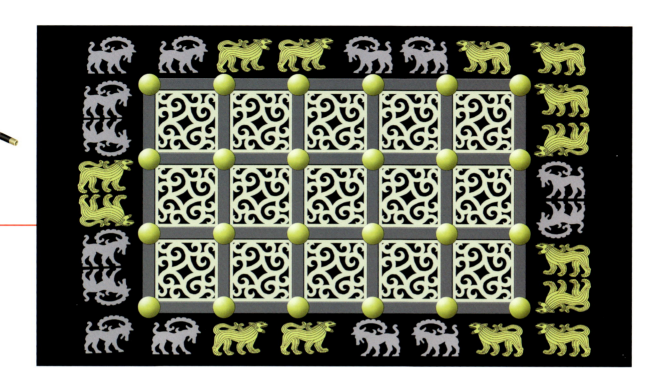

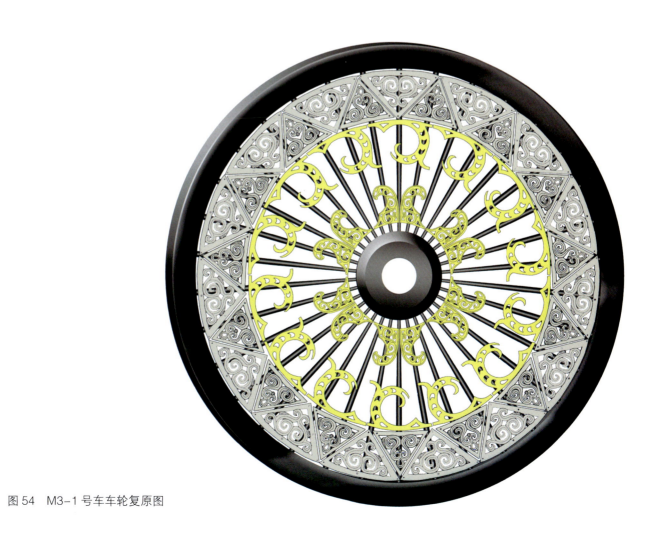

图 54 M3-1 号车车轮复原图

图 55　M4-1 号车复原效果图

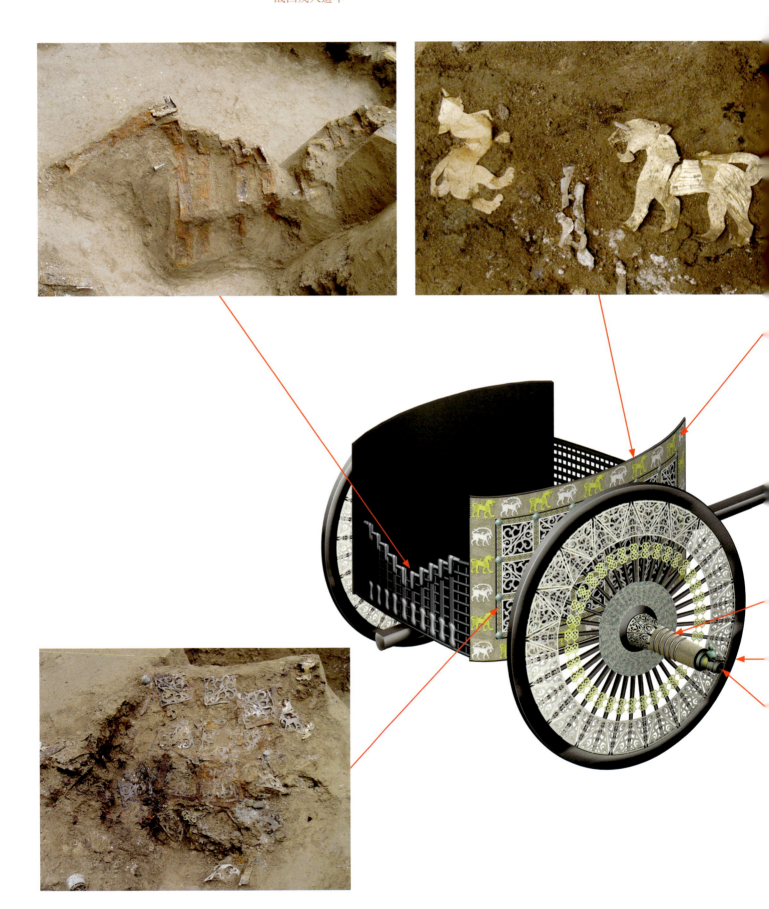

图 56　M4-1 号车车迹原貌、复原对比图

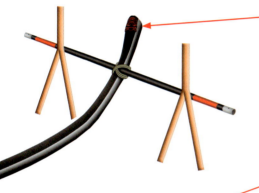

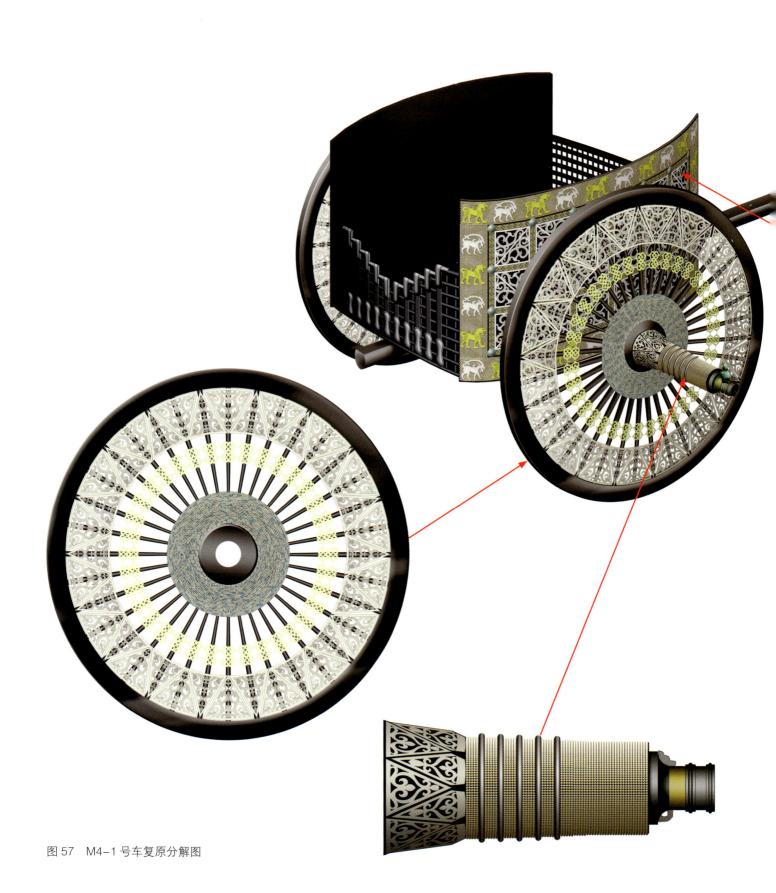

图 57　M4-1 号车复原分解图

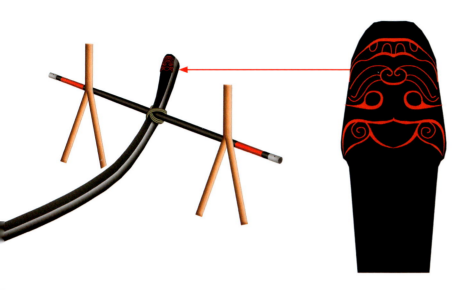

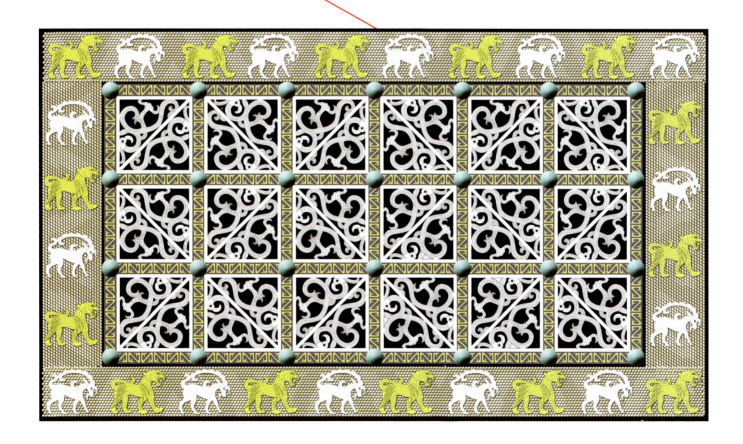

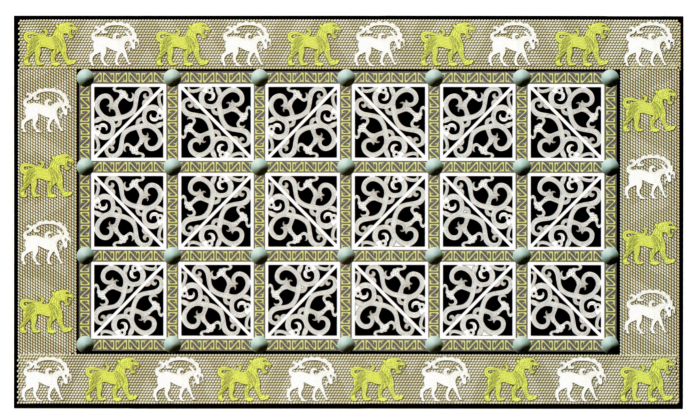

图 58　M4-1 号车舆厢侧板复原图

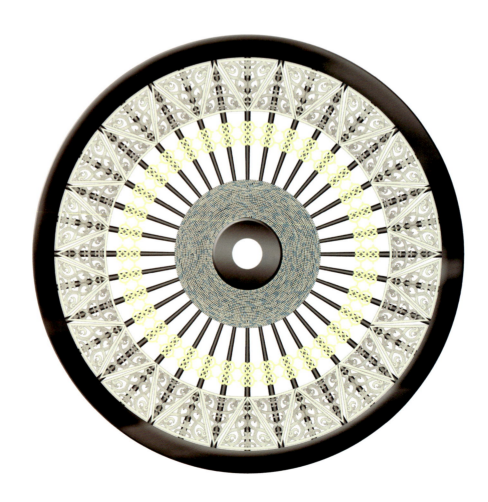

图 59　M4-1 号车车轮复原图

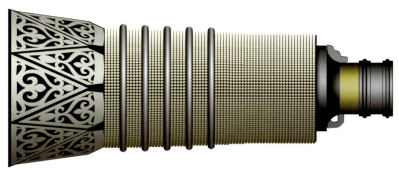

图 60　M4-1 号车车毂原貌、复原对比图

左车轮痕迹完整，轮牙断面呈椭圆形。车轮外圈用三角形的银箔质镂空"S"形猛禽纹饰，对角排列，装饰在车辐上。中圈用金箔质的草叶纹装饰一周，内圈用浅绿色和乳白色球形串珠装饰在车辐上。根据轮径尺寸、三角形饰的宽度和辐距的宽度，推算出车辐数为 36 根。

车毂内侧部分用三角形银箔卷草纹，交错对应装饰。中部有 5 条用银箔包饰的环状凸起的箍，间隔中用乳白色球形珠包饰。外侧部分也是用乳白色球形珠包饰。

车軎无帽，有辖。在辖兽面一端还套有小铜人，铜人五官清晰，尖顶帽，大翻领，双手拢于袖筒中，与 M3 出土的铅俑（M3：75）装束基本一致。铅俑呈站立状，侧身，双臂似为射箭状，头戴护耳尖帽，着交领上衣，系腰带，裹脚长靴。从俑的装饰看，具有少数民族的特征。

3. M5-1 号车（图 61~63）

特点：该车整体盗毁，仅残留车舆左侧板局部、轮饰局部及完整的车衡、车轭。

车衡、车轭，金银镂空箔花饰完整，骨质轭首，痕迹清楚，可复原。

车舆侧板为黑漆上用朱绘纹，纹样图案漫漶不清，但镂空铜花饰、铜泡钉排列完整，可复原。

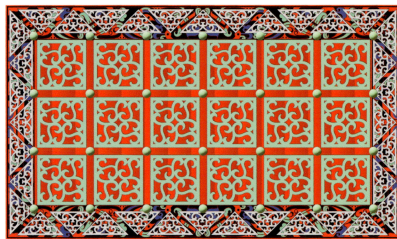

图 61　M5-1 号车舆厢侧板原貌、复原对比图

图 62　M5-1 号车车衡原貌、复原对比图

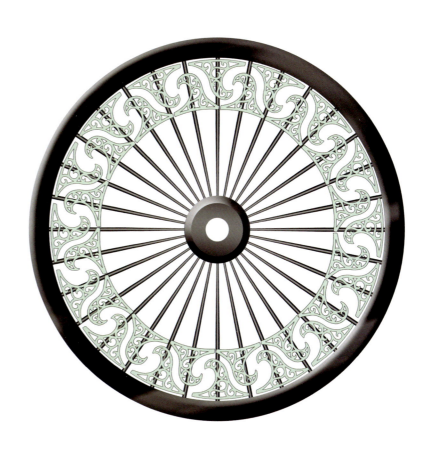

图 63　M5-1 号车车轮复原图

车轮为铜质镂空花饰，与 M16-2 号车轮饰相同，根据铜质镂空花饰的弧度和宽度，推测轮辐数为 32 根。

4. M9-1 号车（图 64）

特点：该车整体盗毁，仅残留左车轮，可复原。

车轮外圈有大小两种三角镂空铜质花饰对角排列，装饰在车辐上。中圈也是用比外圈更小的三角镂空铜质花饰对角排列，装饰在车辐上。内圈用密集的浅绿色和乳白色球形串珠装饰在车辐上。根据轮径尺寸、三角形饰的宽度和辐距的宽度，推测车辐数为 36 根。

5. M13-1 号车（图 65~68）

特点：整车体无漆。

车辀断面呈"▰"形，前伸上昂。车体完整，左右两轮未贯轴，车轮内侧一翻，贤端向上，轵端向下。车舆、车辀、衡、轭痕迹完整，锡质衡末，铜质轭首。

舆厢为木栏式，纵杆细于横杆，纵杆穿孔过横杆的网状结构。左右栏另加装饰侧板，高出木栏。舆厢侧板面呈弧形。侧板中部装饰面有 24 块铜质方形镂空花饰，平齐排列，每个方形花的角由一个半球形铜泡固定。外围由玻璃态球形珠排列装饰。但排列装饰的纹样不明，紫色、浅绿色和乳白色的球形珠细密的排列。车舆后门有 10 个"Γ"和 10 个亚腰形铜质配饰。

图 64　M9-1 号车车轮原貌、复原对比图

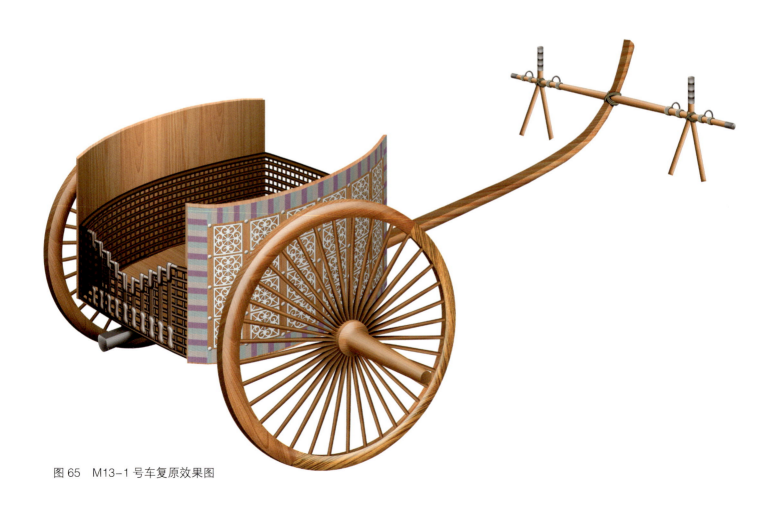

图 65　M13-1 号车复原效果图

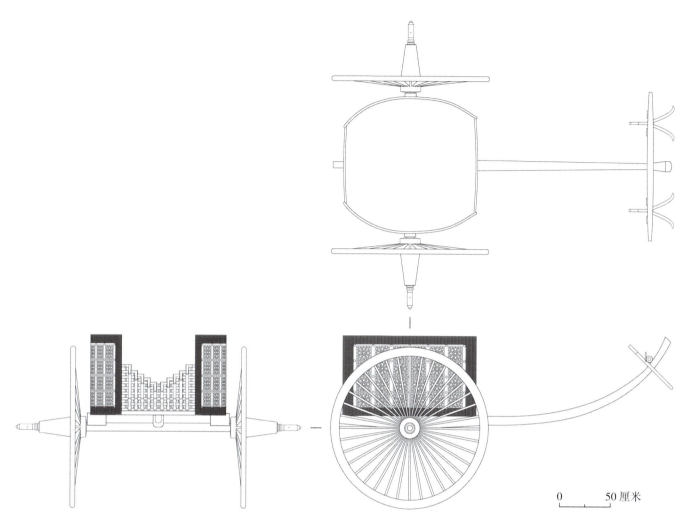

0　　　50厘米

图 66　M13-1 号车实测复原图

左右车轮痕迹完整，轮牙断面呈椭圆形。轮辐近牙处（骹端）呈圆柱状，近毂处（股端）扁平状。轮辐数为 36 根。

6. M14-1 号车（图 69~74）

特点：整体髹黑漆。是至今所发掘的舆厢前挡板料珠装饰最清晰的一辆车，通过对车体的解剖，车舆侧板玻璃态球形珠图形排列也是最清楚的。经过仔细观察，球形珠不是用线绳串联的，而是粘贴上去的。

车辀断面呈"●"形，前伸上昂。

车辀上平面有凸棱一条，凸棱上饰"X"形金箔和银箔，凸棱两侧饰连续"S"形银箔，辀颈上昂部分，装饰有 4 只贴金银铁鸟饰。辀身两侧饰有银箔草叶三角纹。辀首为贴金银铁块的虎首纹和卷云纹装饰。

轭身有贴金银卷云纹铁块的装饰。其装钉式方法，是在大小和长短不同的铁片上，安装有数量不等长约 1 厘米的钉子，钉在木轭上。

车衡中部宽，两端略收，呈扁弧形，并用 6 组贴金银的弧形铁块装饰。弧形铁块间的衡身上，其装钉式方法，也是根据大小和长短不同的铁片，

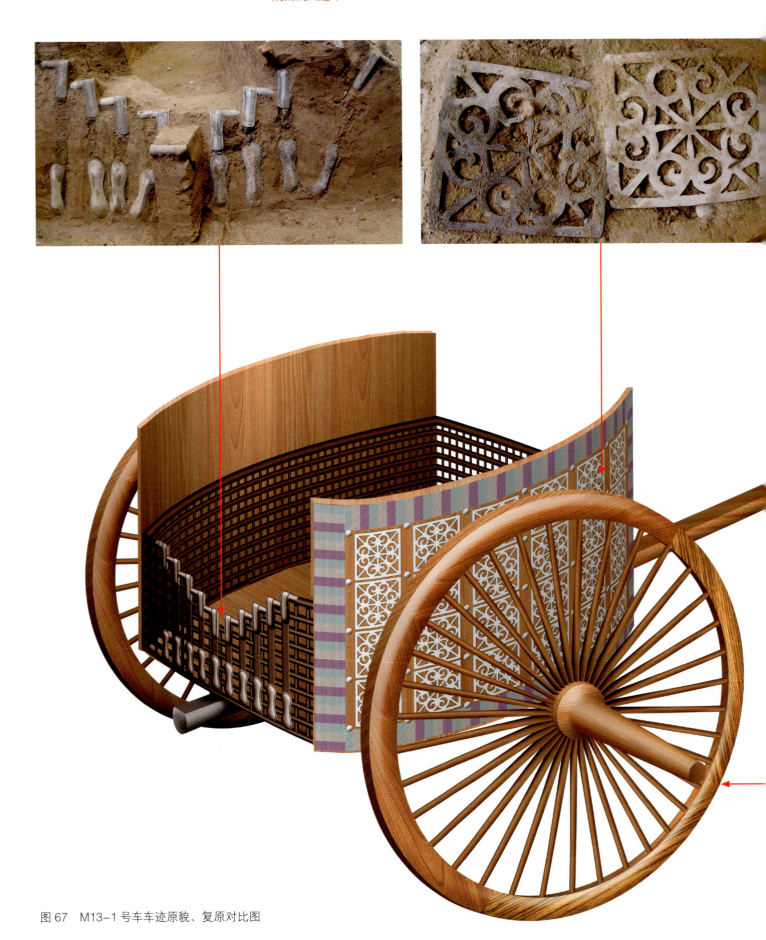

图 67　M13-1 号车车迹原貌、复原对比图

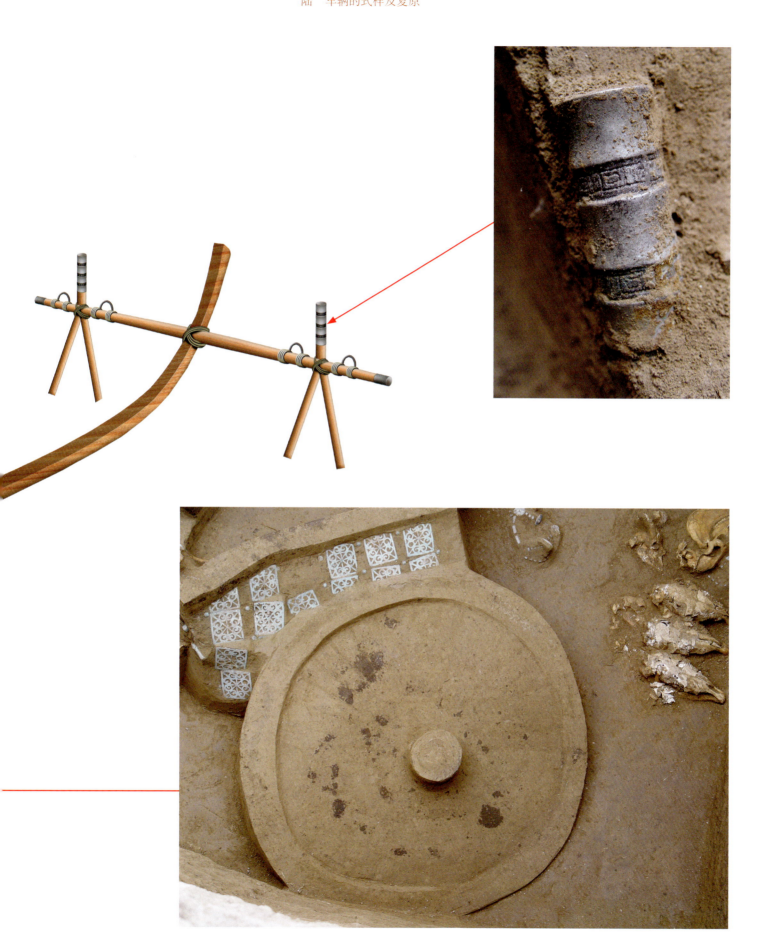

图 68　M13-1 号车复原分解图

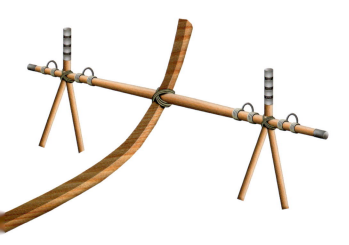

安装有数量不等长约 1 厘米的钉子，钉在衡木上。

　　舆厢为木栏式，纵杆细于横杆，纵杆穿孔过横杆的网状结构。左右栏另加装饰侧板，高出木栏。侧板装饰面呈弧形。侧板中部有 28 块锡质方形镂空花饰齐整排列，每个方形花的角，由一个半球形铜泡固定。外围由汉紫色和乳白色的玻璃态球形珠，呈 "⌣" 形细密排列装饰。侧板边用 "X" 形金箔和银箔片装饰，下坠银箔 "∩" 形坠饰。车舆后门有 10 个 "Γ" 和 10 个亚腰形铁质配饰。车舆前轼木栏，用浅绿色和乳白色料珠串成菱形装饰。

　　车轮痕迹完整，轮牙断面呈椭圆形。车轮外圈用三角形的锡质镂空花饰对角排列，装饰在车辐上。车辐中段用锡管半包裹饰，内圈用金银箔制的动物纹装饰一周，再用浅绿色和乳白色串珠装饰在车辐上。轮辐近牙处（骹端）呈圆柱状，近毂处（股端）呈扁平状。根据轮径尺寸和三角形饰的宽度和辐距的宽度，推算出车辐数为 34 根。

　　车毂内圈部分用菱形和三角形镂空的金箔草叶纹花饰，中圈用包饰 8 条环状凸起的箍，外圈近軎部分为汉蓝玻璃态串珠包饰。

　　车軎为完整的軎、帽、辖结合，车軎上凸棱相间中有两道金箔包饰。

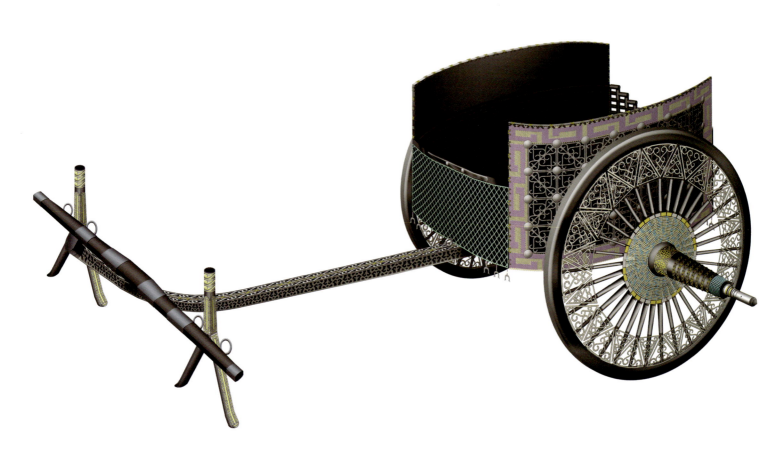

图 69　M14-1 号车复原效果图

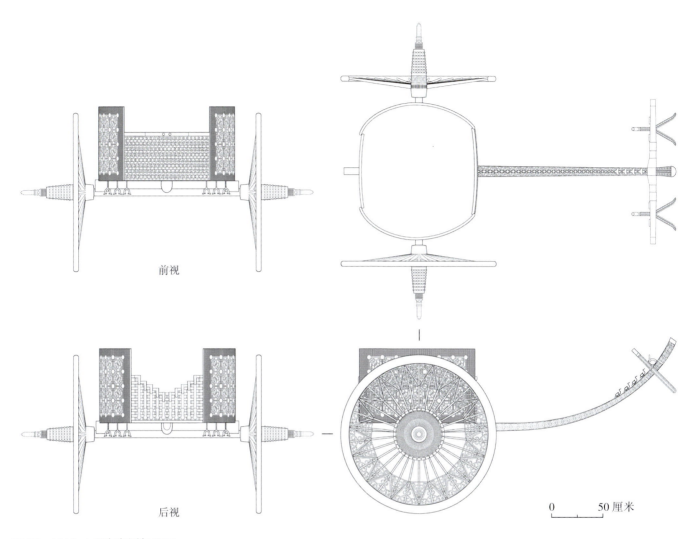

前视

后视

图 70　M14-1 号车实测复原图

7. M15-1 号车（图 75~78）

特点：整体髹黑漆。

车辀断面呈"◖"形，前伸上昂。

木质车衡，长约 126 厘米，中部较粗，两端较细。铜质衡末，安装在车衡两端。衡末形制呈壶形，中部外鼓，并有直径约 2 厘米的孔洞，用于替代"Ω"形轭环。这种形制的铜质衡末在秦安王洼战国戎人墓中也有出土，有可能车衡形制与秦安王洼 M1 相同，只是木质车衡上的青铜固件安装不完整罢了。

车轭为"人"字形，铜质帽形轭首和轭脚（軥），并有装饰纹样。

车舆为木栏式，纵杆细于横杆，纵杆穿孔过横杆的网状结构。左右栏另加装饰侧板，高出木栏。侧板装饰面呈弧形。侧板中部有 28 块锡质方形镂空花饰齐整排列，每个方形花的角，由一个半球形铜泡固定。外围有玻璃态球形珠细密的装饰。车舆后门有 10 个"Γ"和 10 个亚腰

图 71　M14-1 号车车迹原貌、复原对比图

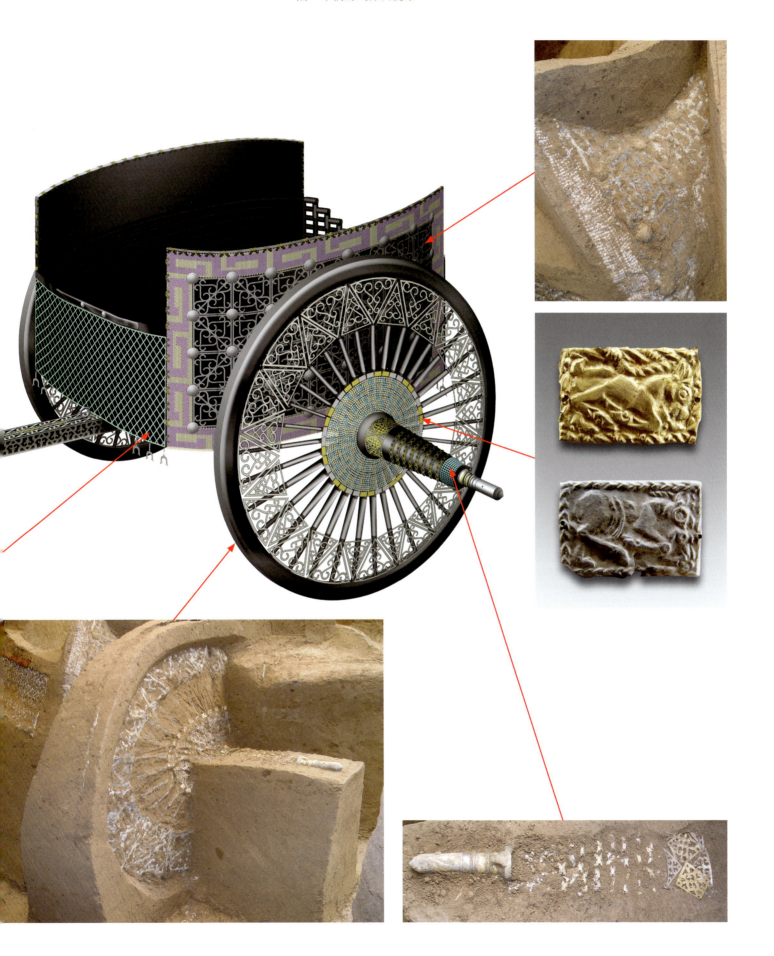

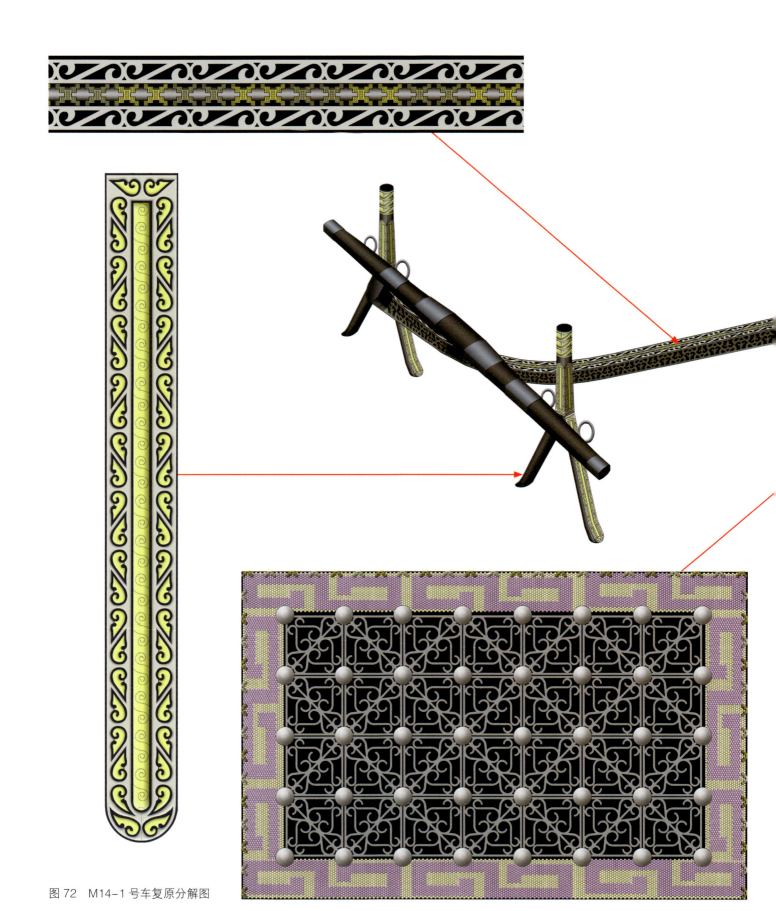

图 72　M14-1 号车复原分解图

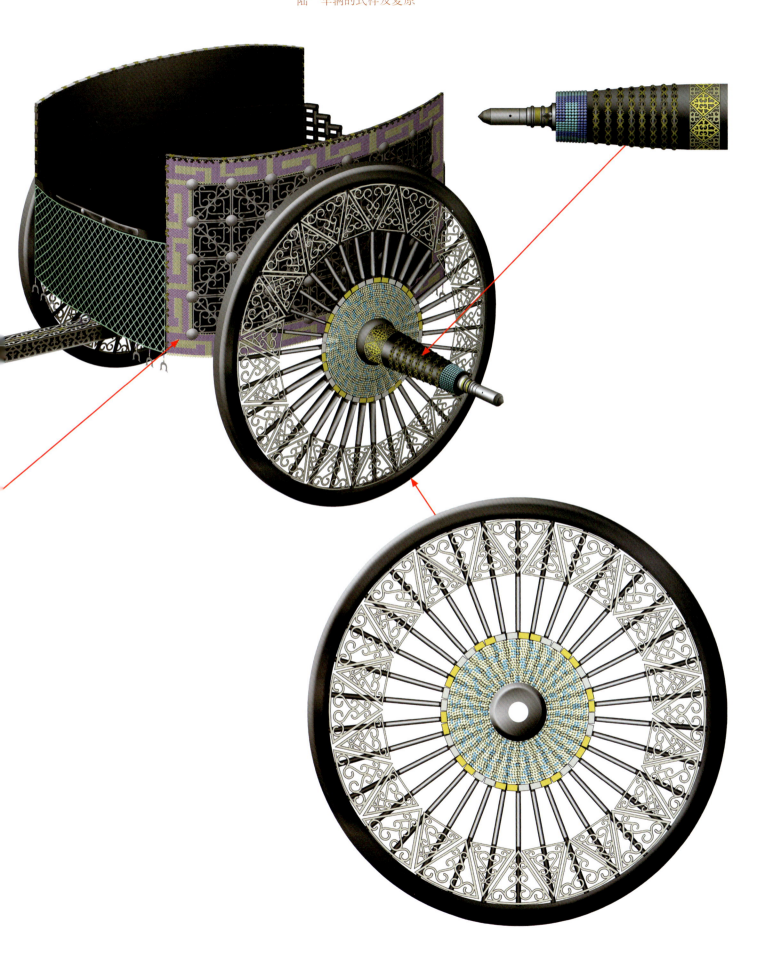

图 73　M14-1 号车车毂装饰原貌、复原对比图

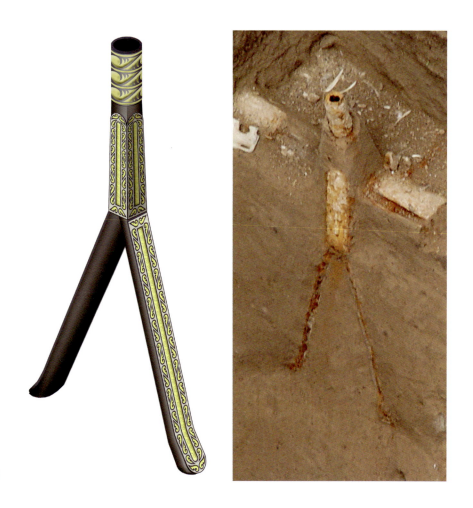

图 74　M14-1 号车车轭原貌、复原对比图

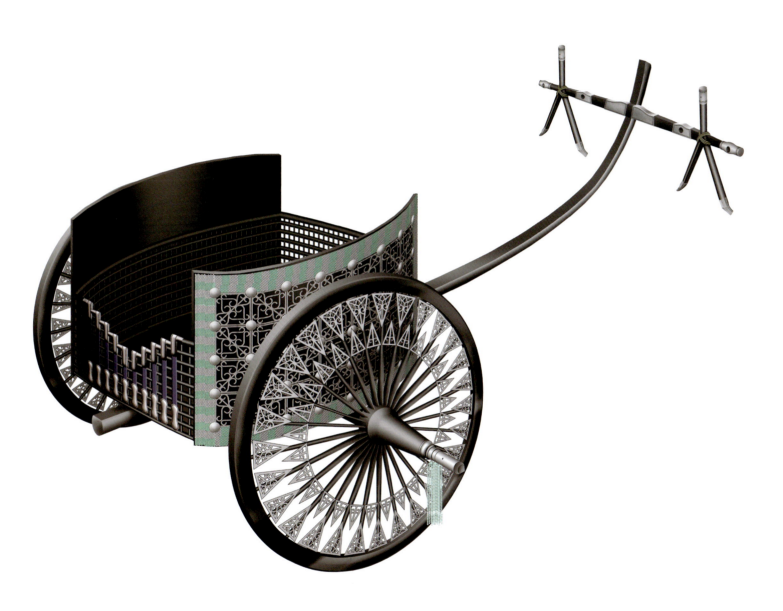

图 75　M15-1 号车复原效果图

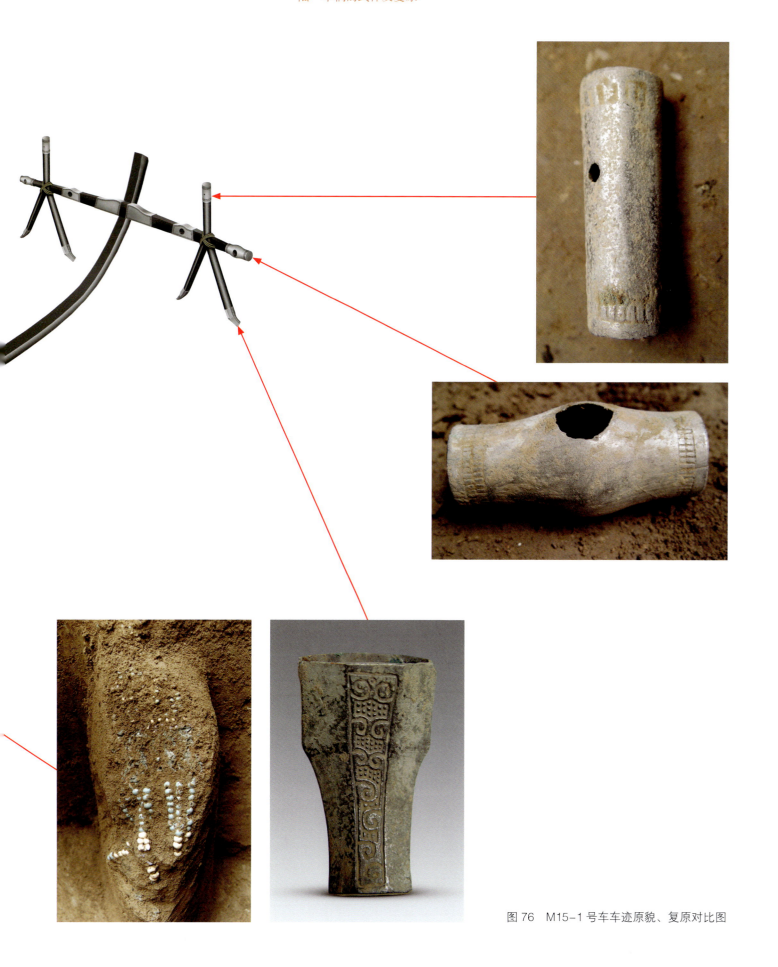

图 76 M15-1 号车车迹原貌、复原对比图

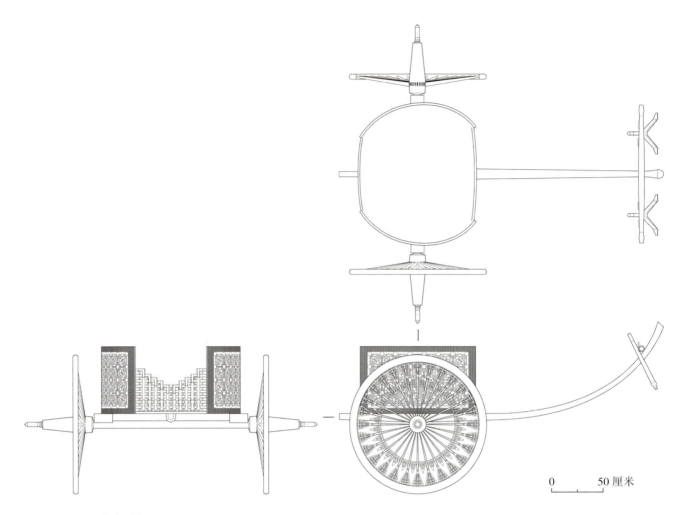

0   50厘米

图 77   M15-1 号车实测复原图

图 78   M15-1 号车车轮复原图

形铜质配饰。

　　左右车轮痕迹完整，轮牙断面呈椭圆形。车轮外圈用三角形的锡质镂空花饰对角排列，装饰在车辐上。轮辐近牙处（骹端）呈圆柱状，近毂处（股端）呈扁平状。根据轮径尺寸和三角形饰的宽度、辐距的宽度，推算出车辐数为 28 根。

　　车毂为素面，无装饰。

　　车害为完整的害、帽、辖结合，无纹饰。车害下缀有乳白色、蓝色玻璃态球形串珠式"飞铃"。

8. M16-1 号车（图 79~86）

　　特点：整体髹黑漆。

　　车辀断面呈 "▰" 形，辀身上平面有瓦楞状金箔装饰，五个棱为一片，每片长 5.7、宽 3~3.7 厘米。从车舆底前伸出瓦楞状金箔宽 3.7 厘米开始，至辀颈 3 厘米宽。根据辀面的宽度变化，调整瓦楞状金箔宽度，至辀首。

　　辀身侧面，用金箔和银箔镂空的 "S" 形纹装饰。

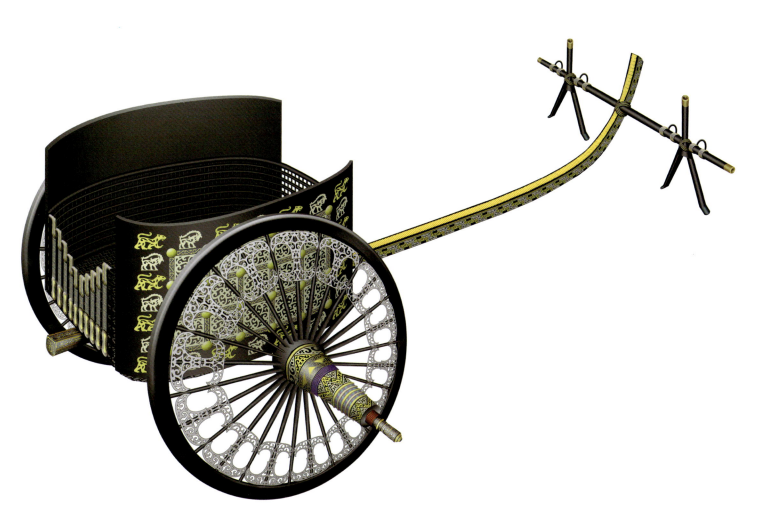

图 79　M16-1 号车复原效果图

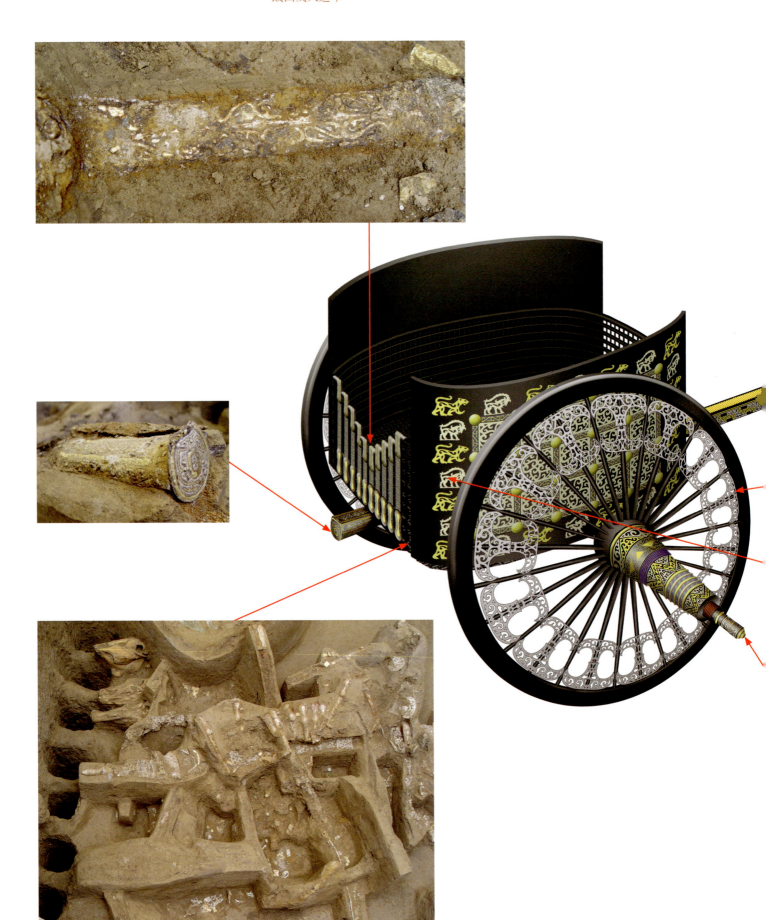

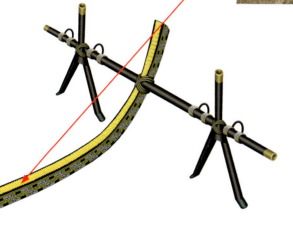

图 80　M16-1 号车车迹原貌、复原对比图

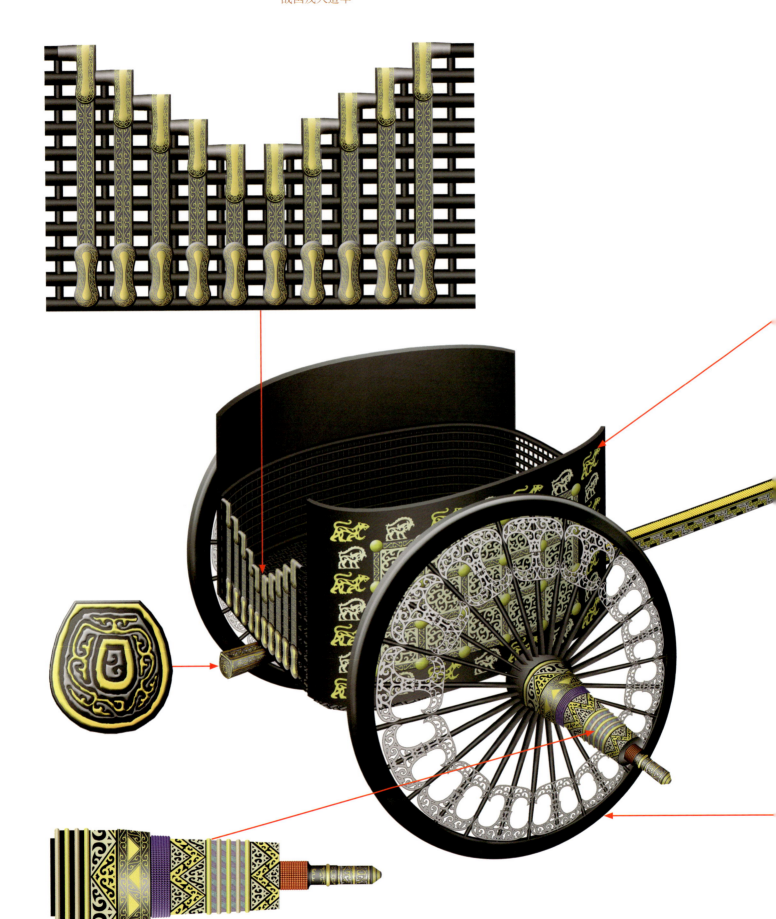

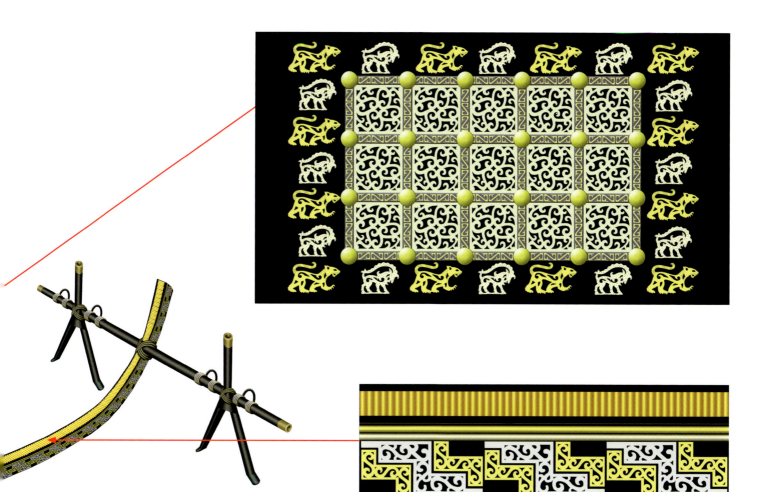

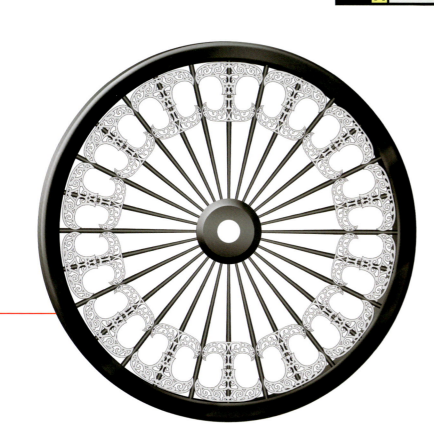

图 81 M16-1号车复原分解图

车衡和车轭形制不明，不可复原。

车舆为木栏式，纵杆细于横杆，纵杆穿孔过横杆的网状结构。左右栏另加装饰侧板，高出木栏。侧板装饰面中部有 15 块方形银箔镂空成 "S" 形纹饰，每个方形纹相接处，用嵌金银铁条扣压，每个铁条十字交汇和结点处，由一个半球形包金铜泡固定。外围装饰有金箔虎和银箔大角羊，呈行走状排列。车舆后门有 10 个 "Γ" 和 10 个亚腰形嵌金银铁质饰件做装饰。

轮牙断面不明确。车轮外圈用 "T" 形银箔镂空花饰，反向对称排列，装饰在车辐上。轮辐形制不明。根据轮径尺寸和 "T" 形银箔饰的宽度推算出车辐数为 28 根。

车毂的装饰十分繁杂华丽，分段进行，内侧用宽约 6 厘米、厚约 2 毫米的嵌金银铁箍；有用金银箔包裹数个环状凸起物；有金银箔镂空形花饰；还有用紫色陶珠和红色玛瑙珠，密集地串联毂上为装饰。总长度约 60 厘米。

车軎为铁质，并用嵌金银图案装饰。

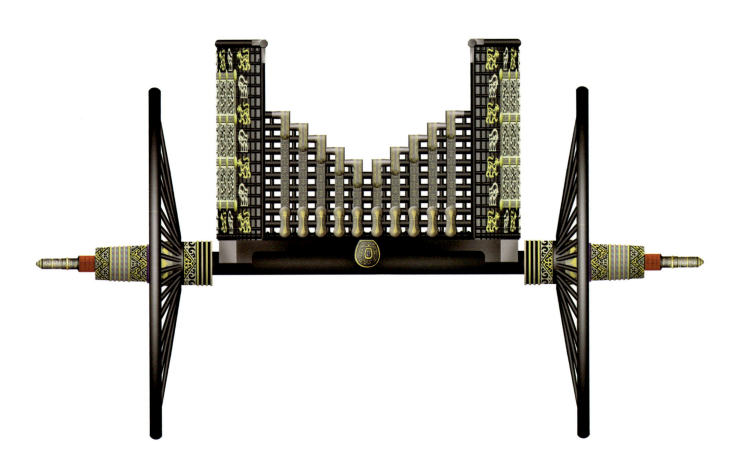

图 82　M16-1 号车车舆复原后视图

图 83　M16-1 号车舆厢侧板复原图

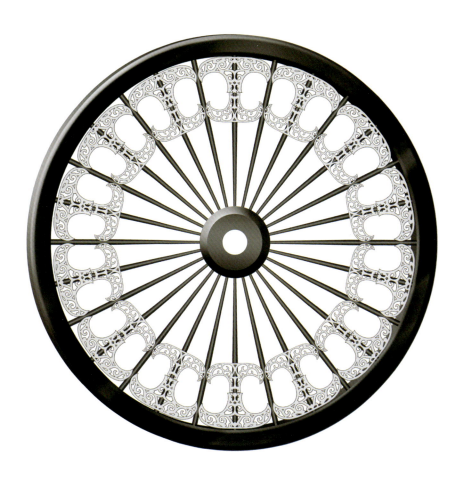

图 84　M16-1 号车车轮复原图

图 85　M16-1 号车车毂原貌、复原对比图

图 86　M16-1 号车嵌金银铁车事原貌、复
　　　原对比图

9. M21-1 号车（图 87~93）

特点：整车体无漆。

车辀断面呈"▰"形，前伸上昂。车辀前段及衡、轭部分不明。

车舆为木栏式，纵杆细于横杆，纵杆穿孔过横杆的网状结构。左右栏另加装饰侧板，高出木栏。侧板呈弧形。侧板中部有铜质方形镂空花饰和圆形镂空花饰，方形和圆形错位式排列固定。外围的上边，用三角形银质镂空花饰排列固定。舆厢底板为横向排列。后边用圆形银质镂空花饰排列固定装饰。车舆后门有 10 个"Γ"和 10 个亚腰形铜质配饰。

左右车轮痕迹完整，轮牙断面呈椭圆形。车轮外圈用三角形的铜质镂空花饰对角排列；中圈以铜质大角羊呈顺时针方向排列，装饰在车辐上一周；内圈用三角形的铜质镂空花饰对角排列。经分析，车辐上缝制

图 87　M21-1 号车复原效果图

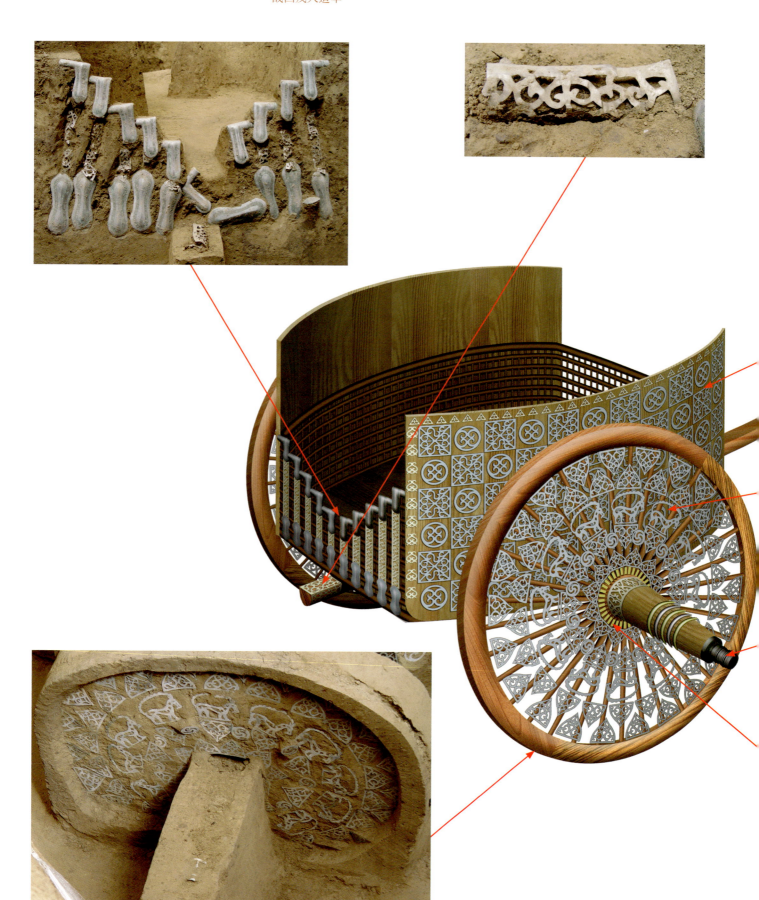

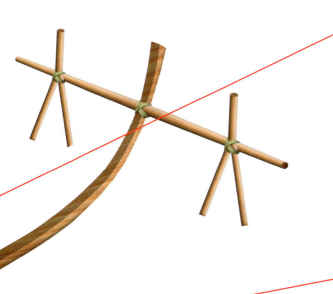

图 89 M21-1 号车车迹原貌、复原对比图

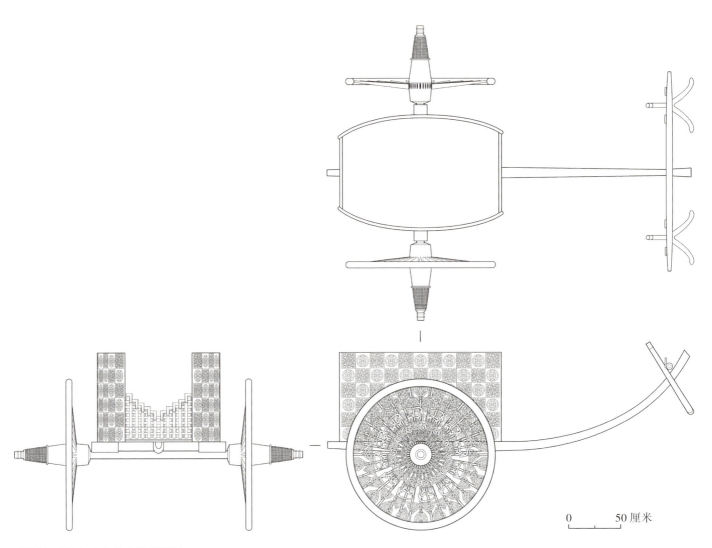

图 90　M21-1 号车实测复原图

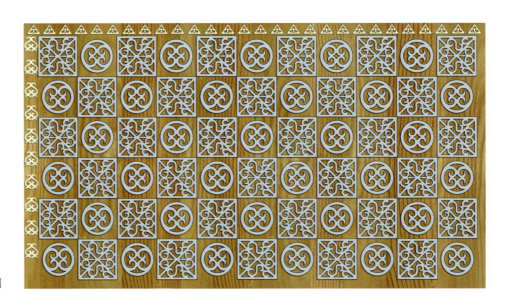

图 91　M21-1 号车舆厢侧板复原图

图 92　M21-1 号车车轮复原图

图 93　M21-1 号车车毂原貌、复原对比图

动物皮，再将铜质花饰缝制和装钉在车辐上。在近毂处（股端）用金箔片包饰。轮辐近牙处（骹端）呈圆柱状，近毂处（股端）呈扁平状。根据轮径尺寸和三角形饰的宽度、辐距的宽度，推算出车辐数为 36 根。

车毂近辐一端为银箔花饰一圈，中段为 5 个环状凸棱，凸棱用金银箔包饰。

车軎为铜质，有纹饰，无軎帽。

10. M57-1 号车（图 94~97）

特点：整车体髹黑漆朱绘。

车辀断面呈"▄"形，前伸上昂。因漆面较薄，纹饰漫漶不清。

车衡和车轭，用嵌金银铁片包饰，装饰方法与 M14-1 号车基本一致。

车舆为木栏式，纵杆细于横杆，纵杆穿孔过横杆的网状结构。左右栏另加装饰侧板，高出木栏。侧板装饰面呈弧形。侧板中部有 32 块锡质方形镂空花饰齐整排列，每个方形花的角，由一个半球形铜泡固定。外围由紫色、浅绿色和乳白色的玻璃态球形珠，细密地排列装饰，但排列装饰纹样不明。车舆后门，推测有 10 个"Γ"和 10 个亚腰形铜质配饰。在左右侧板前端上，立有锡质圆雕动物，外形似鹿。

车轮外圈用三角形的铜质镂空花饰对角排列，装饰在车辐上。中圈也是较小一些的铜质镂空花饰对角排列，内圈用浅绿色和乳白色串珠装饰在车辐上，车辐上残留有朱漆。根据轮径尺寸、三角形饰的宽度和辐距的宽度，推算出车辐数为 36 根。

车毂素面。

车軎为简化了的帽形，长约 3、直径 3 厘米。

11. M38-1 号车（图 98）

车毂近辐一端为对角"S"形纹三角银箔花饰两组，中段为 3 个环状凸棱，凸棱用金银箔包饰，近軎处，也用一组对角"S"形纹三角银箔花饰包饰。

（二）Ⅱ型车的复原（疑为战车）

1. M1-2 号车（图 99、100）

特点：车体盗毁。仅残留车轮和车毂部分，可复原。

轮辐外圈上装饰"S"形镂空三角花饰，内圈上装饰"S"形镂空"Ж"形大小两种花饰。朱红色车辐，推测车辐数为 40 根。

车毂髹黑漆朱绘，有扭索纹、勾云纹，还有类似于用勾云纹组成的兽面纹。

2. M3-2 号车（图 101~103）

特点：整车体髹黑漆。由于盗扰，仅剩了车迹右半部。

车舆为木栏式，纵杆细于横杆，纵杆穿孔过横杆的网状结构。左右

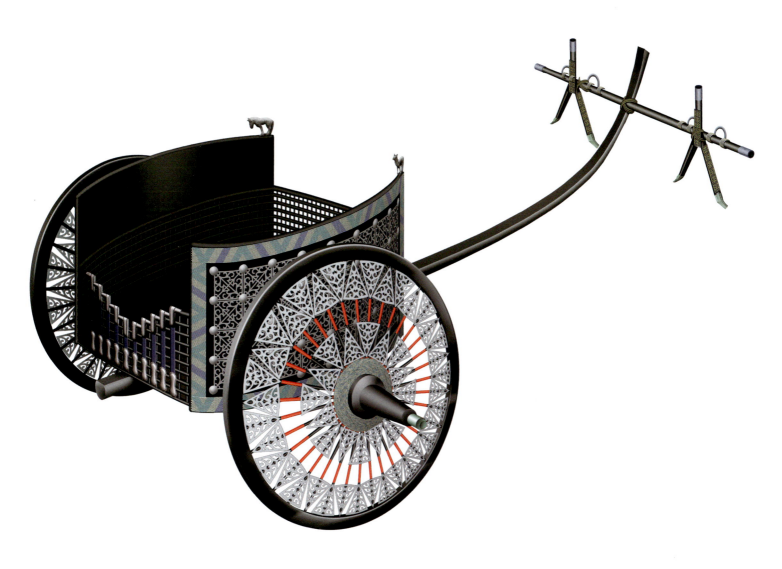

图 94 M57-1 号车复原效果图

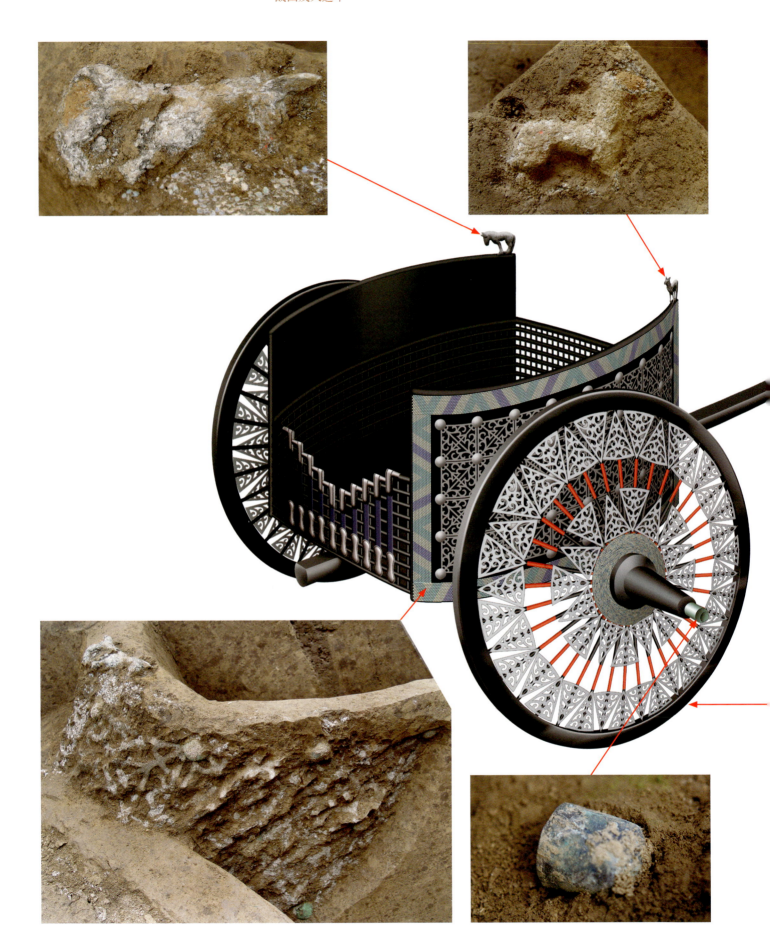

图 95　M57-1 号车车迹原貌、复原对比图

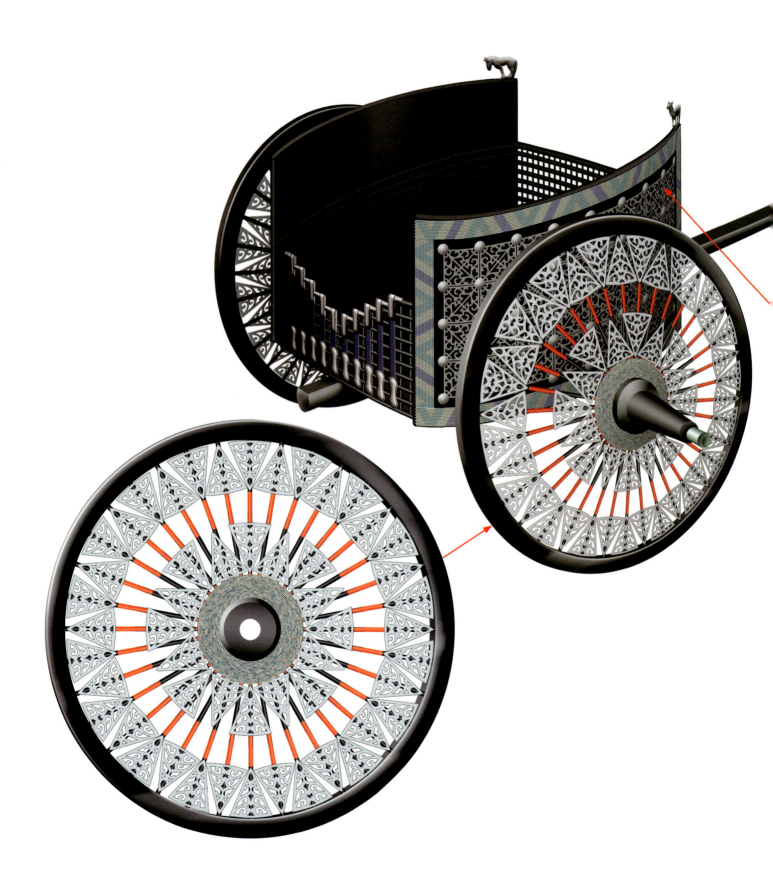

图 96　M57-1 号车复原分解图

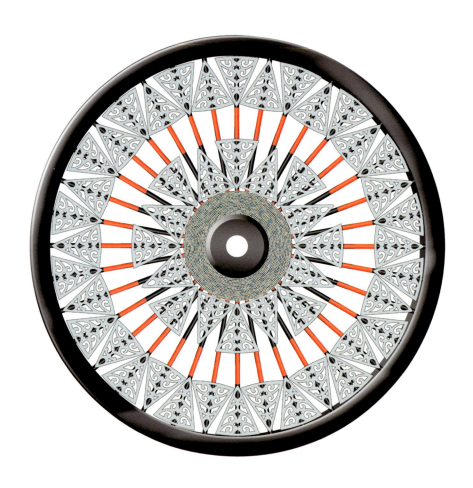

图 97　M57-1 号车车轮复原图

图 98　M38-1 号车车毂原貌、复原对比图

栏另加装饰侧板，高出木栏。侧板装饰面呈弧形，用铜质方形镂空花饰满面装饰，推测有35块方形花饰。

右车轮痕迹完整，轮牙断面呈椭圆形。外圈用铜质三角形镂空花饰对角排列，内圈也是用铜质三角形镂空花饰对角排列，轮辐近牙处（骹端）呈圆柱状，近毂处（股端）呈扁平状。车辐数为38根。

车毂为素面，无装饰。

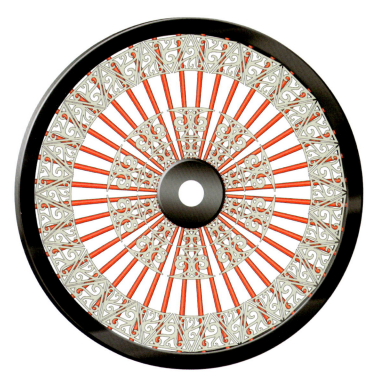

图99　M1-2号车车轮原貌、复原对比图

图 100　M1-2 号车车毂原貌、复原对比图

车辖为铜质，无装饰。

3. M3-4 号车（图 104~106）

特点：整车体髹黑漆朱绘。

辀、衡、轭部分盗毁。车舆及右轮完整，朱绘纹样较清楚，纹样可复原。

车舆为木栏式，纵杆细于横杆，纵杆穿孔过横杆的网状结构。左右栏另加红色装饰侧板，高出木栏。侧板装饰面呈弧形，似条形木板拼接成弧形。髹朱红色漆，用黑色漆绘猛禽勾喙纹样、勾形云纹，并用粉绿色填充纹样图案。中部为朱红色漆空白。车舆后门有 10 个"厂"和 10 个亚腰形铜质配饰。

右车轮痕迹完整，轮牙断面呈椭圆形，髹黑漆。轮辐近牙处（骹端）呈圆柱状，近毂处（股端）呈扁平状。髹红黑色相间漆。推测车辐数为 38 根。

车毂黑漆朱绘，图案完整。绘扭索纹、勾形云纹组成的三角形纹样，并用粉绿色和紫色填充纹样图案。车毂上还有 8 条凸棱。

车辖无，只有铜质辖帽。

4. M10-1 号车（图 107~109）

特点：整车体无漆。由于车前部分被盗，导致车辀前段和车衡形制不明。车舆整体完好。

车辀断面呈"🖤"形。

车舆为木栏式，纵杆细于横杆，纵杆穿孔过横杆的网状结构。左右栏另加装饰侧板，高出木栏。侧板装饰面呈弧形。侧板满面有 24 块铜方形镂空花饰，齐整排列。车舆后门有 10 个"厂"和 10 个亚腰形铜质

图 101 M3-2 号车复原效果图

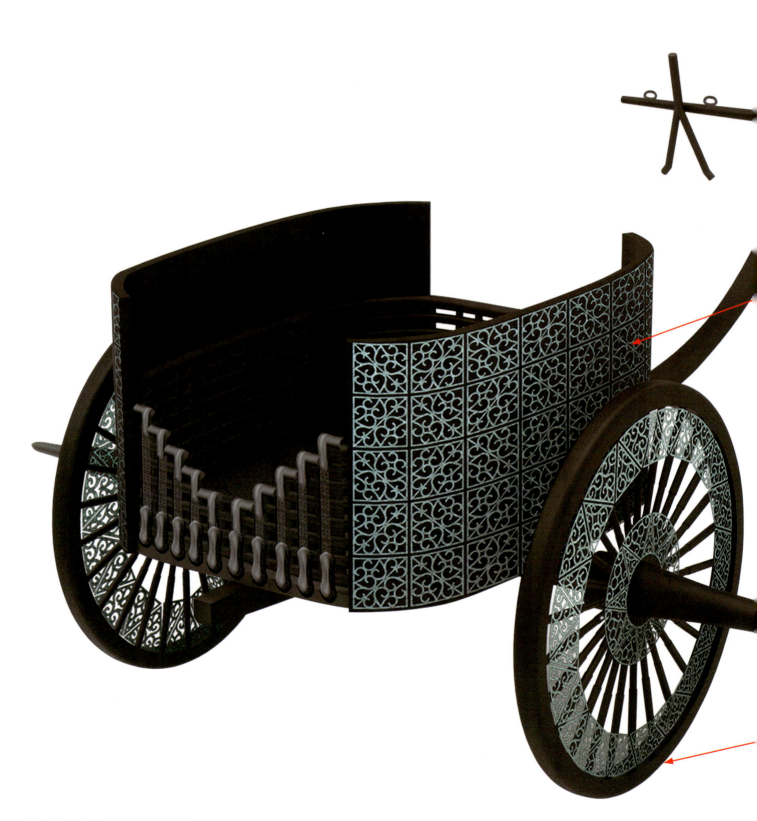

图 102　M3-2 号车复原分解图

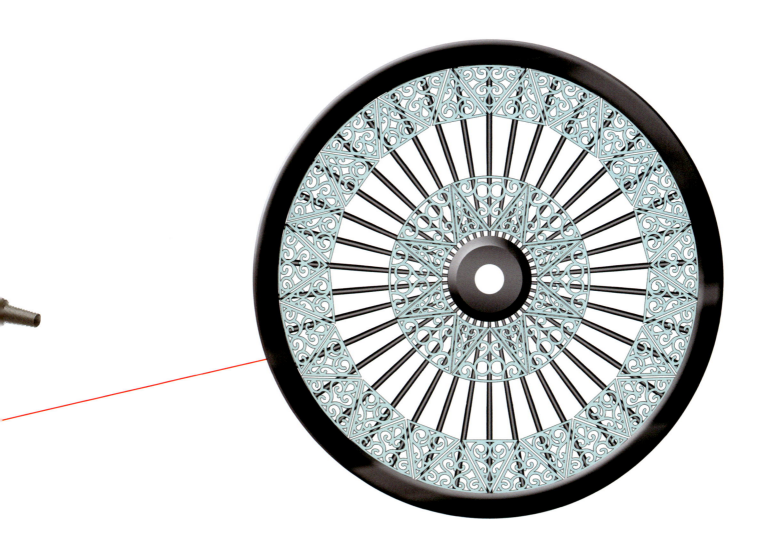

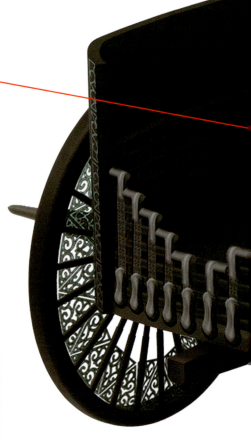

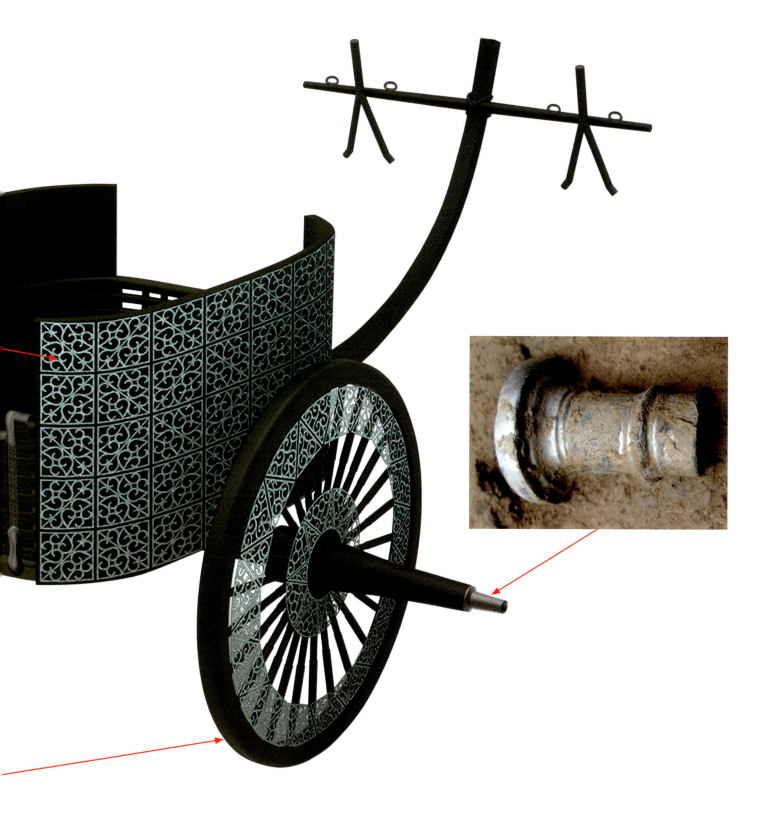

图 103　M3-2 号车车迹原貌、复原对比图

图 104　M3-4 号车复原效果图

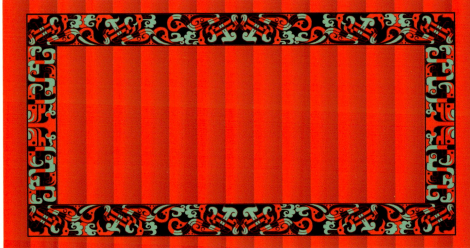

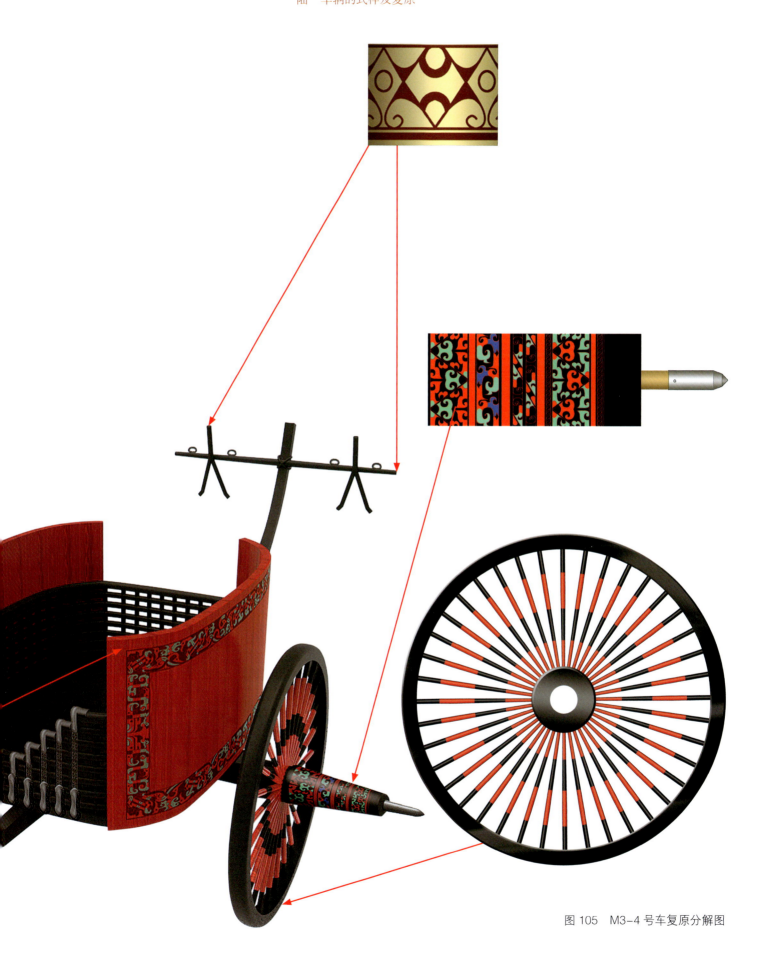

图 105　M3-4 号车复原分解图

图 106　M3-4 号车车迹原貌、复原对比图

配饰。

左右车轮痕迹完整，轮牙断面呈椭圆形。轮辐近牙处（骹端）呈圆柱状，近毂处（股端）呈扁平状。推测车辐数为 36 根。

车毂为素面，未作装饰。

车軎无，只有铜质軎帽。

5. M16–2 号车（图 110~114）

特点：整车体髹黑漆朱绘。

车辀断面呈"▆"形，辀身朱绘纹漫漶不清。

木质车衡，两端较细，中部较粗，衡身朱绘纹漫漶不清。铜质衡末两端细，中部外鼓，有孔，直径约 2 厘米。与 M15–1 号车衡末相同，有可能车衡形制与秦安王洼相同。

木质车轭，"人"字形，轭身朱绘纹漫漶不清。轭首为骨质，轭脚为铜质。

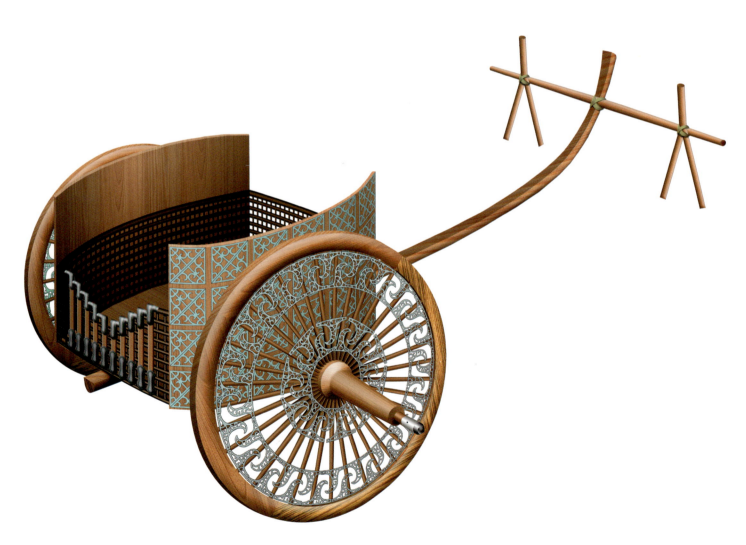

图 107　M10–1 号车复原效果图

图 108　M10-1 号车复原分解图

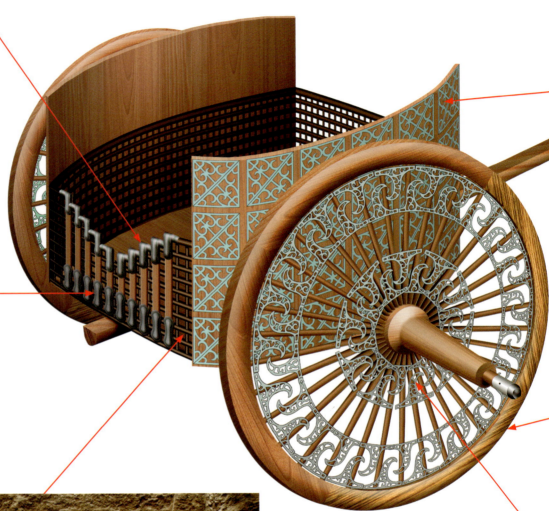

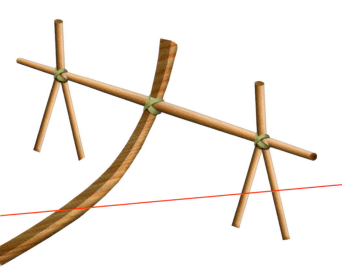

图 109　M10-1 号车车迹原貌、复原对比图

车舆完整，左右车轮没有安装在一起，辀、衡、軶齐全。

车舆为木栏式，纵杆细于横杆，纵杆穿孔过横杆的网状结构。左右栏另加装饰侧板，高出木栏。侧板装饰面呈弧形，朱绘纹样较清楚，局部图案可复原；似条形木板拼接成弧形。髹朱红色漆，用黑色漆绘鸟禽纹和云形纹样，并用粉绿色填充纹样图案。中部有 16 块铜质镂空方形花饰对角装饰。车舆后门有 10 个"Γ"和 10 个亚腰形铜质配饰。

左右车轮完整，轮牙断面呈椭圆形，髹黑漆。轮辐近牙处（骹端）呈圆柱状，近毂处（股端）呈扁平状。髹黑漆。推测车辐数为 32 根。

车毂黑漆朱绘，图案完整。绘勾形云纹组成的三角形纹样，并用粉绿色和紫色填充纹样图案。车毂上还有 8 条凸棱。

车軎无，只有铜质軎帽。

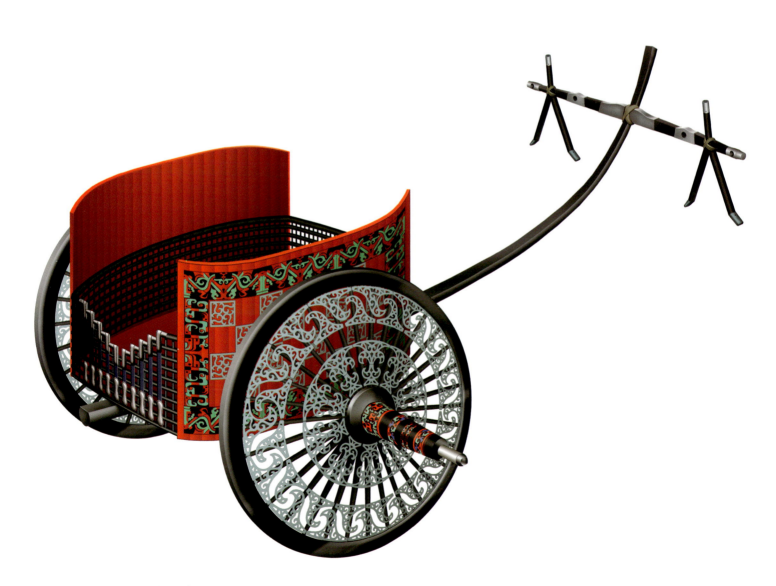

图 110　M16-2 号车复原效果图

图 111　M16-2 号车复原分解图

图 112　M16-2 号车车迹原貌、复原对比图

图 113　M16-2 号车舆厢侧板图案局部复原图

图 114　M16-2 号车车轮复原图

6. M16-3 号车（图 115~118）

特点：整车体髹黑漆朱绘。车体完整，有车舆、左右车轮，辀衡轭装配齐全。

车辀断面呈"◖"形。辀身朱绘纹漫漶不清。

木质衡、轭，朱绘纹漫漶不清。衡末、轭首为骨管饰。

车舆为木栏式，纵杆细于横杆，纵杆穿孔过横杆的网状结构。左右栏另加装饰侧板，高出木栏。侧板装饰面呈弧形，外周朱绘纹样不清楚（本图案是借用其他车）。似条形木板拼接成弧形。髹朱红色漆，粉绿色填充纹样图案。中部朱红色无装饰。车舆后门有 10 个"Γ"和 10 个亚腰形铜质配饰。

左右车轮完整，轮牙断面呈椭圆形，髹黑漆。轮辐近牙处（骹端）呈圆柱状，近毂处（股端）呈扁平状。髹黑红相间色漆。推测车辐数为 40 根。

车毂黑漆朱绘，图案完整。绘扭索纹、勾形云纹组成的三角形纹样，并用粉绿色和紫色填充纹样图案。车毂上还有 5 条凸棱。

车軎无，只有铜质軎帽。

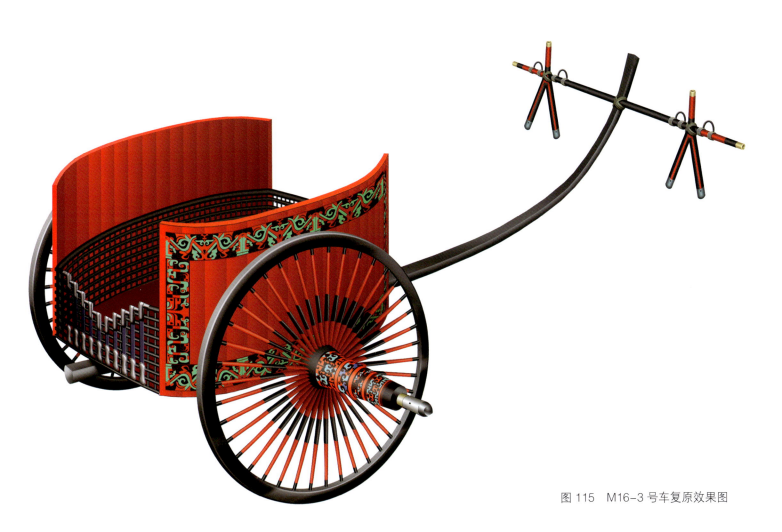

图 115　M16-3 号车复原效果图

图 116　M16-3 号车车迹原貌、复原对比图

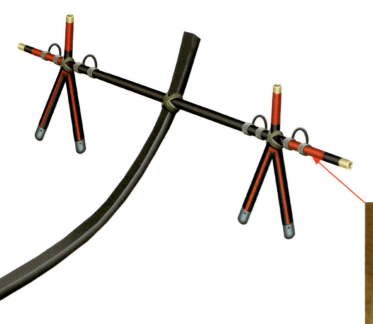

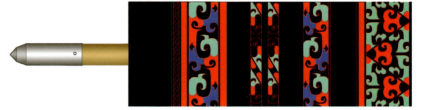

图 117　M16-3 号车车毂原貌、复原对比图

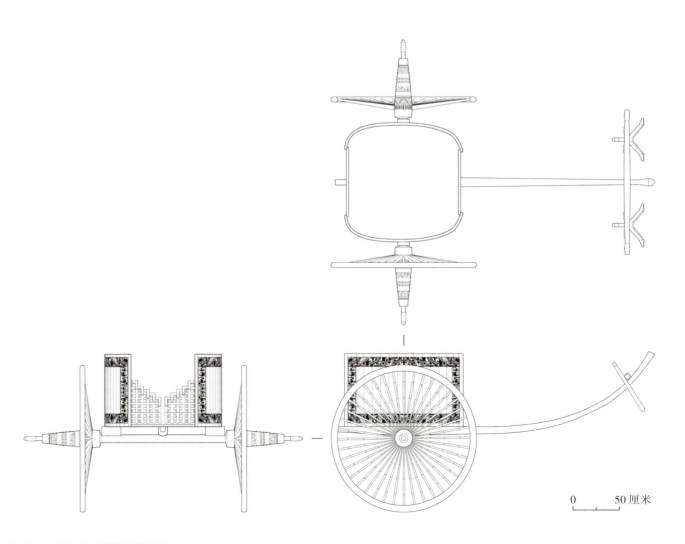

0　　　　50厘米

图 118　M16-3 号车实测复原图

7. M62–1号车（图119、120）

特点：整车体髹黑漆朱绘。车舆与左右车轮、侧栏装饰面分离。因为整个车体没有组装在一起，所以木栏式结构特别清楚。辀残断，衡轭无。

车辀断面呈"🔲"形。

车舆为木栏式，纵杆细于横杆，纵杆穿孔过横杆的网状结构。侧板用方形铜花装饰，没有安装在舆厢侧栏上。另外侧板上安装有铜质形似狗的动物4个。动物四足形成扣槽，应该是立扣在车舆侧板上的装饰动物。这与M57–1号车的车舆侧板上的立羊是一致的。

车轮完整，轮牙断面呈椭圆形。轮辐近牙处（骹端）呈圆柱状，近毂处（股端）呈扁平状。髹红黑色相间漆。车轮由铜三角花装饰。根据三角花饰的宽度及间距，推测车辐数应是36根。

车毂，黑漆朱绘，图案漫漶不清。无车軎。

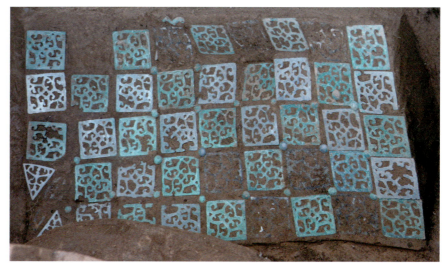

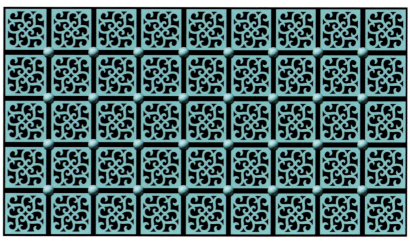

图119　M62–1号车舆厢侧板原貌、复
　　　　原对比图

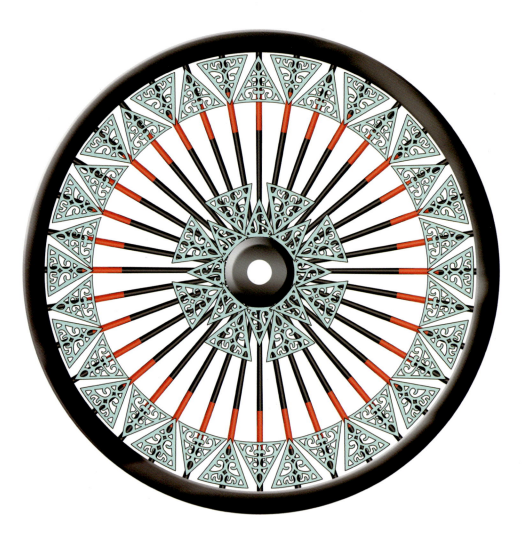

图 120　M62-1 号车车轮复原图

（三）Ⅲ型车的复原（疑为安车或辒车）

1. M6-3 号车（图 121~123）

特点：整车体髹黑漆朱绘。盗毁严重，车迹仅存车舆左半侧和左车轮。由于盗扰的原因，使车舆断面呈现出来，经分析辨别，舆底辀架结构呈"木"形三叉式。车舆木栏清楚，可复原。

车舆侧栏呈弧形，轸框底边有一圈朱绘纹饰，图形漫漶不清。在左右侧栏横出车耳。车舆前轵也是木栏式，纵杆细于横杆，纵杆穿孔过横杆，低于左右侧板。车舆后端留有开口，便于上下车。舆厢内底有"人"字交叉编织纹。

车轮完整，轮牙断面呈椭圆形，轮牙外侧髹朱漆，着地面和辐榫面髹黑漆。轮辐近牙处（骹端）呈圆柱状，近毂处（股端）呈扁平状。髹红黑色相间漆，车辐数为 32 根。

车毂及车軎盗毁。

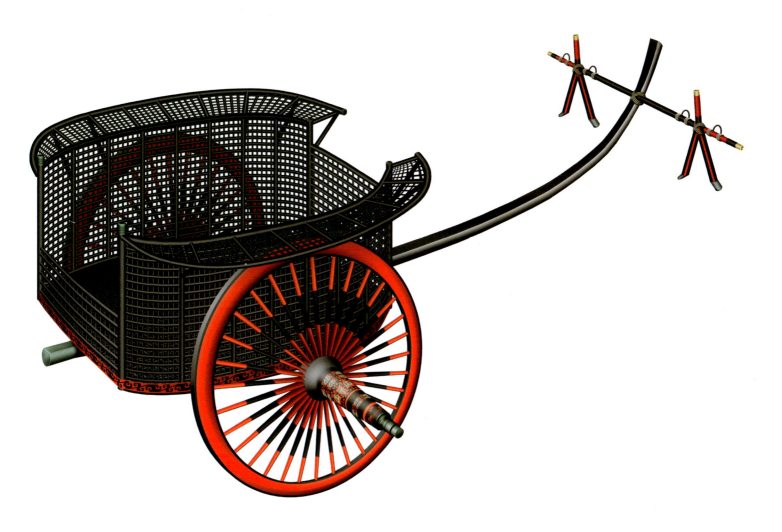

图 121　M6-3 号车复原效果图

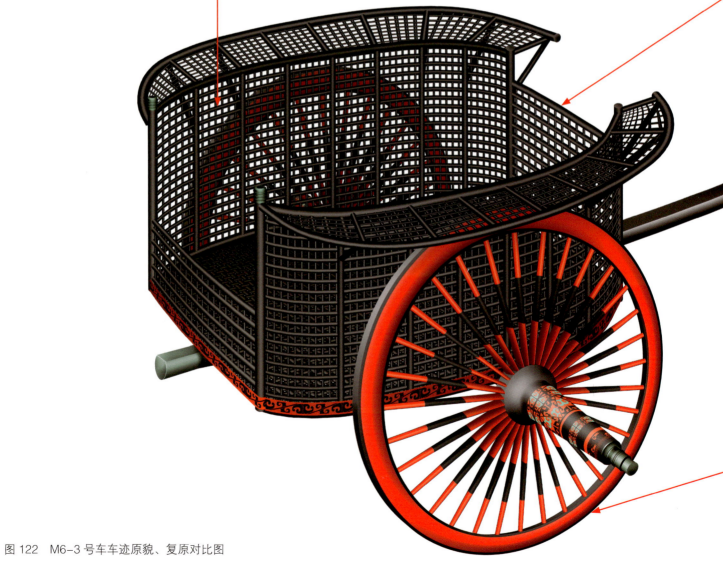

图 122　M6-3 号车车迹原貌、复原对比图

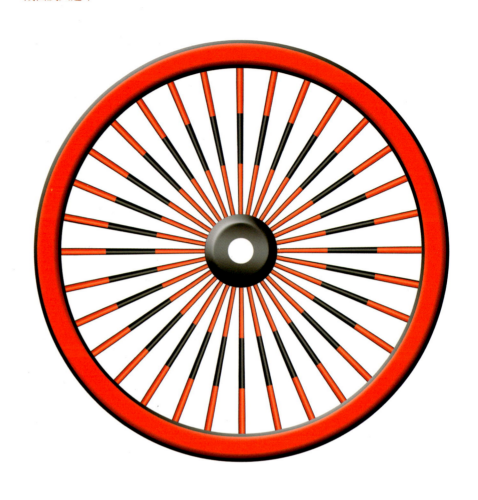

图 123　M6-3 号车车轮复原图

2. M14-2 号车（图 124~126）

特点：整车体髹黑漆朱绘。车舆完整，伞盖置于车舆之上。经过二次解剖发掘，车舆木栏清楚，可复原。

车辀、衡、轭形制不详。

车舆侧栏呈弧形，在侧栏沿上左右伸出车耳。车舆前轼也是木栏式，纵杆细于横杆，纵杆穿孔过横杆，低于左右侧板。车舆后端留有开口，便于上下车。

伞盖伞斗清晰可辨，伞面呈红色，伞弓 18 根。伞杆式样可见 8 根立柱式伞棚架，可复原。

车轮完整，轮牙断面呈椭圆形。轮辐近牙处（骹端）呈圆柱状，近毂处（股端）呈扁平状。髹红黑绿三色相间漆，推测车辐数为 30 根。

车毂黑漆朱绘，漆皮图案不清，有粉绿色纹样痕迹。

车𫐄铜质。

3. M16-4 号车（图 127~130）

特点：整车体髹黑漆朱绘。车迹完整，并置有伞盖。车舆木栏清楚，可复原。

车辀断面呈"◖"形。

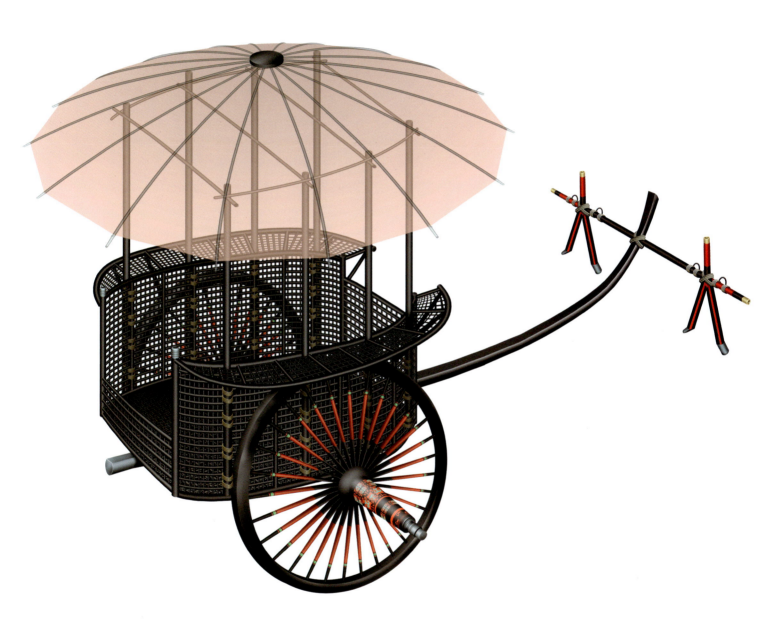

图 124　M14-2 号车复原效果图

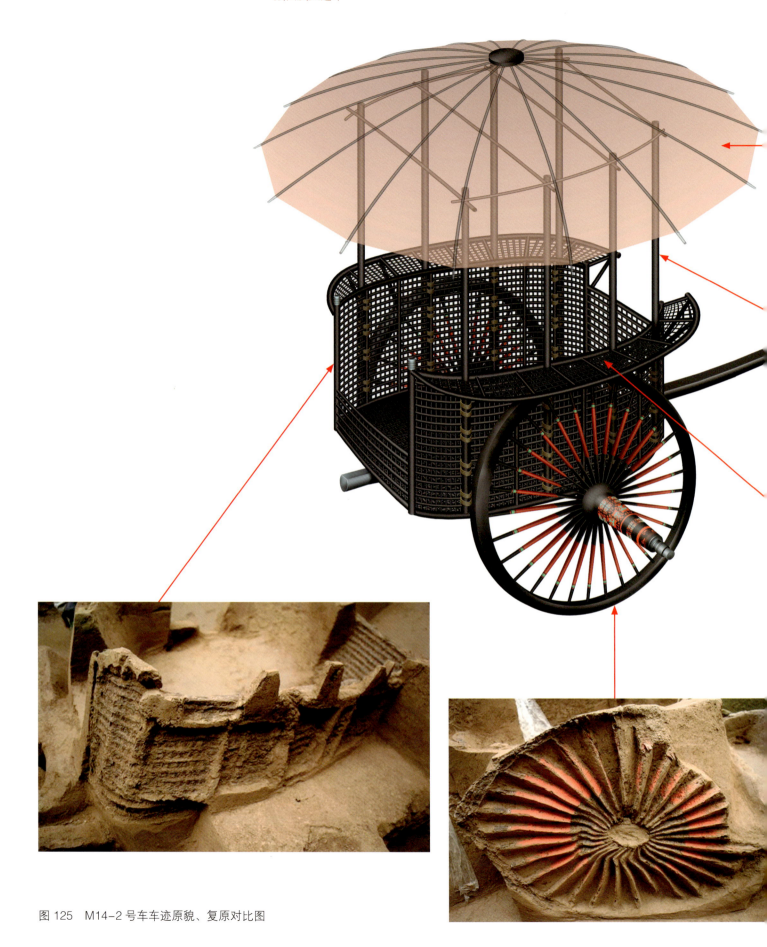

图 125　M14-2 号车车迹原貌、复原对比图

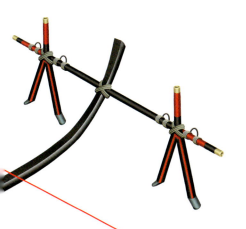

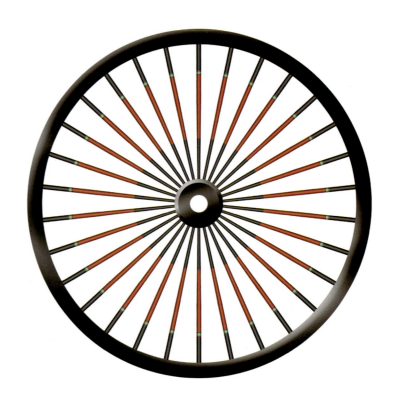

图 126　M14-2 号车车轮复原图

图 127　M16-4 号车复原效果图

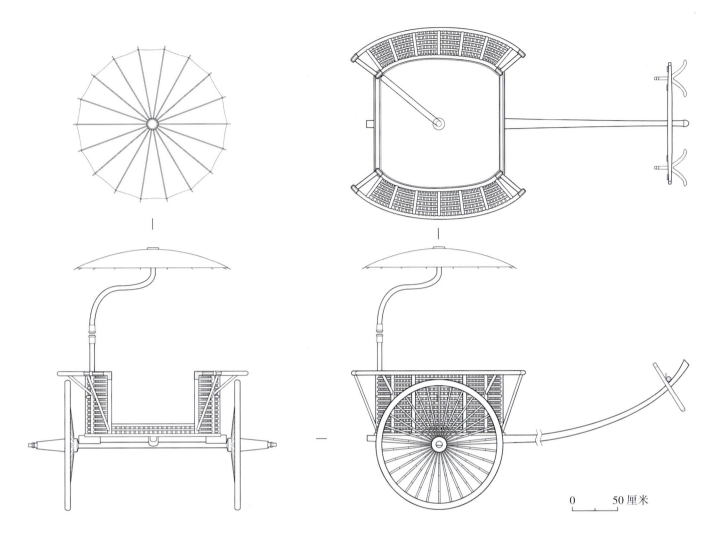

0 ——— 50厘米

图 128　M16-4 号车实测复原图

车衡完整，黑漆朱绘，可复原。

车舆侧栏呈弧形，在侧栏沿上左右伸出车耳。车舆前轼也是木栏式，纵杆细于横杆，纵杆穿孔过横杆，低于左右侧板。车舆后端留有开口，便于上下车。

伞盖伞斗清晰可辨，伞面呈红色，伞弓数不明，伞弓色为黑红相间。伞杆痕迹在车舆左后侧，可复原。

车轮完整，轮牙断面呈椭圆形，轮牙上有朱绘纹饰，图形漫漶不清。轮辐近牙处（骹端）呈圆柱状，近毂处（股端）呈扁平状。髹红黑色相间漆。推测车辐数为 34 根。

车毂黑漆朱绘，图案完整。绘扭索纹、勾形云纹组成的三角形纹样，并用粉绿色填充纹样图案。车毂上还有数条凸棱。

车軎铜质，有軎、帽、辖。

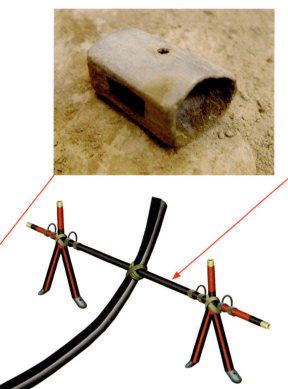

图 130　M16-4 号车车迹原貌、复原对
　　　　比图

4. M4–2 号车（图 131~136）

特点：整车体髹黑漆，轭有朱绘纹饰，纹样漫漶不清。这是一辆葬有 4 匹完整马骨的驷驾车。

车辀断面呈“■”形。

车舆完整，木栏式结构，木栏结构清楚，舆底呈横向的“目”字形，可复原。

车舆侧栏呈弧形，在侧栏沿上左右伸出车耳。车舆前轼也是木栏式，纵杆细于横杆，纵杆穿孔过横杆，低于左右侧板。车舆后开口。

车轮完整，轮牙断面呈椭圆形。轮辐近牙处（骹端）呈圆柱状，近毂处（股端）呈扁平状。髹红黑色相间漆。推测车辐数为 26 根。

车毂黑漆朱绘，绘带状纹 6 条。

车軎铜质，素面无装饰。

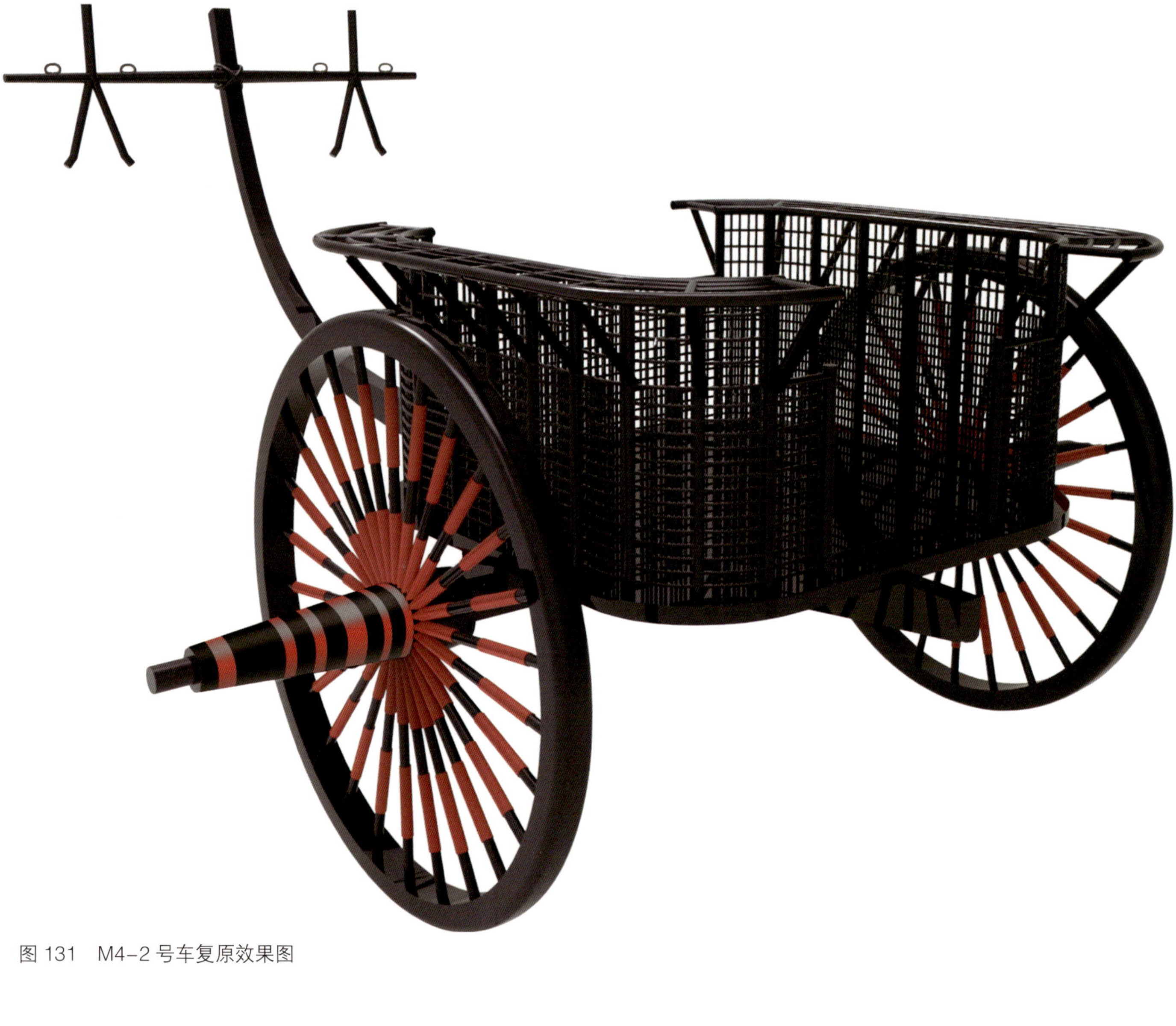

图 131　M4–2 号车复原效果图

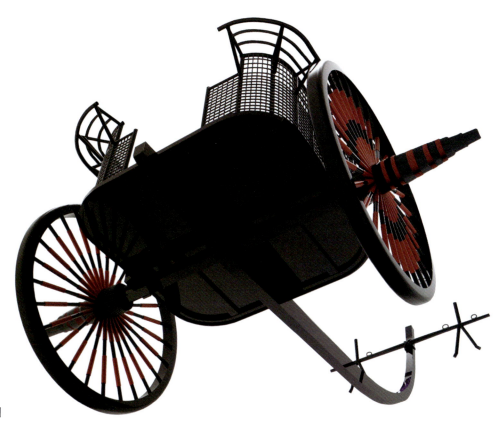

图 132　M4-2 号车复原底部效果图

0　　　50 厘米

图 133　M4-2 号车实测复原图

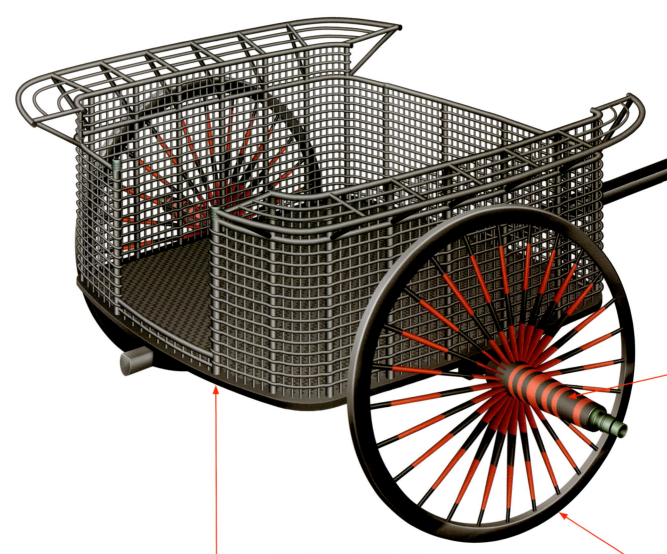

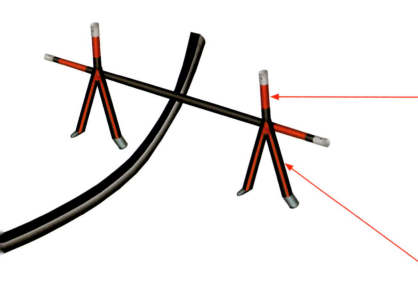

图 134 M4-2 号车车迹原貌、复原对
比图

图 135　M4-2 号车车毂原貌、复原对
　　　　比图

图 136　M4-2 号车车轮复原图

5. M57-2 号车（牛车）（图 137、138）

特点：整车体髹黑漆。

车辀为三根长辀，断面呈方形，伸出车舆底部，前昂起。中部有一横向方木束绑在三根辀木上。车衡为 2.5 米，束绑在左右两根辀木上。辀身上朱绘痕迹，纹饰漫漶不清。

轭为简易木棒，呈"艹"形。

车舆被车伞覆盖，车舆侧栏呈弧形。车舆前轵是木栏式，纵杆细于横杆，纵杆穿孔过横杆，车舆后开口。

伞盖完整，伞弓为 20 根。

车轮完整，轮牙断面呈椭圆形。轮辐近牙处（骹端）呈圆柱状，近毂处（股端）呈扁平状。髹红黑色相间漆。推测车辐数为 38 根。

车毂素面无装饰。

车害铜质，简化的帽形，无装饰。

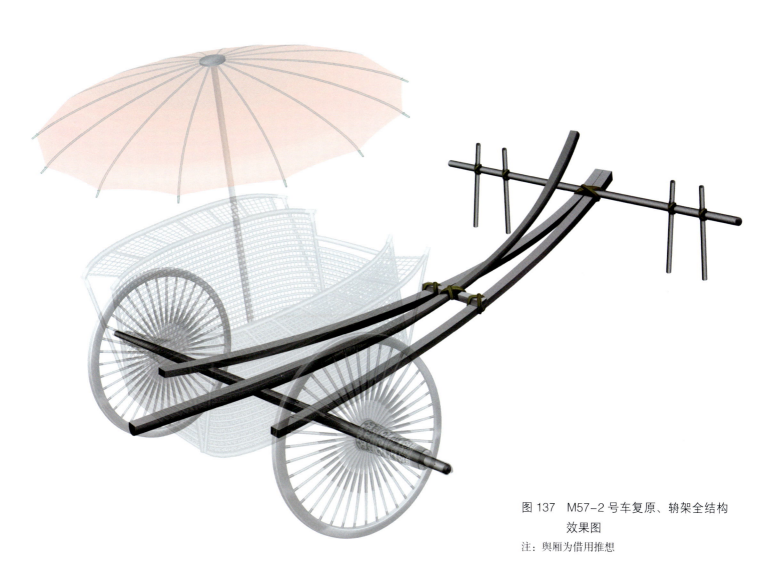

图 137　M57-2 号车复原、辀架全结构
　　　　效果图
注：舆厢为借用推想

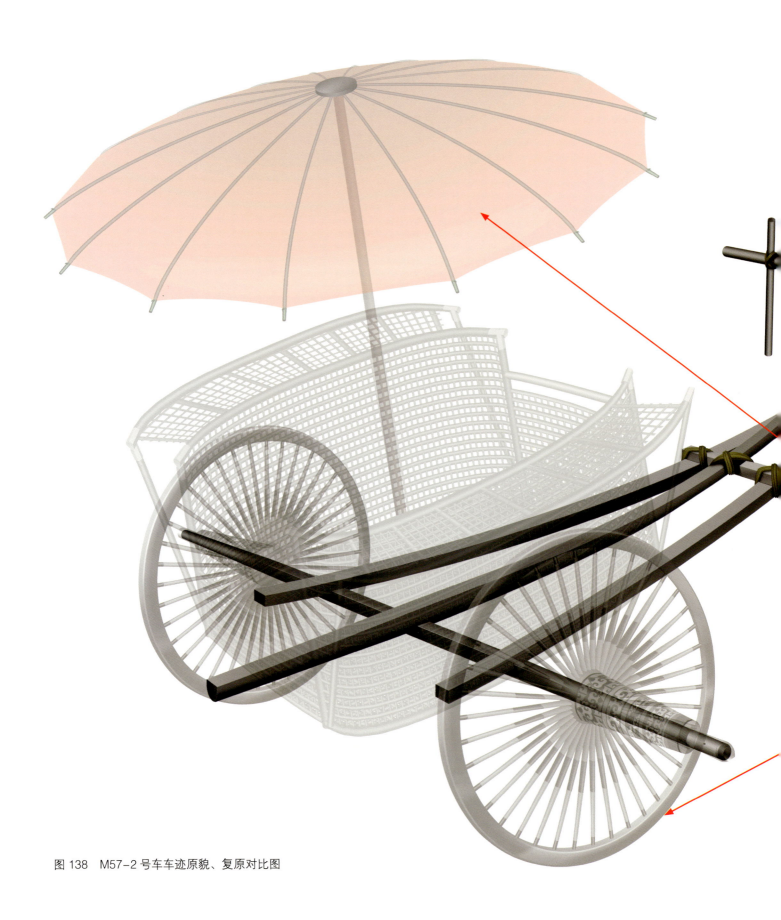

图 138　M57-2 号车车迹原貌、复原对比图

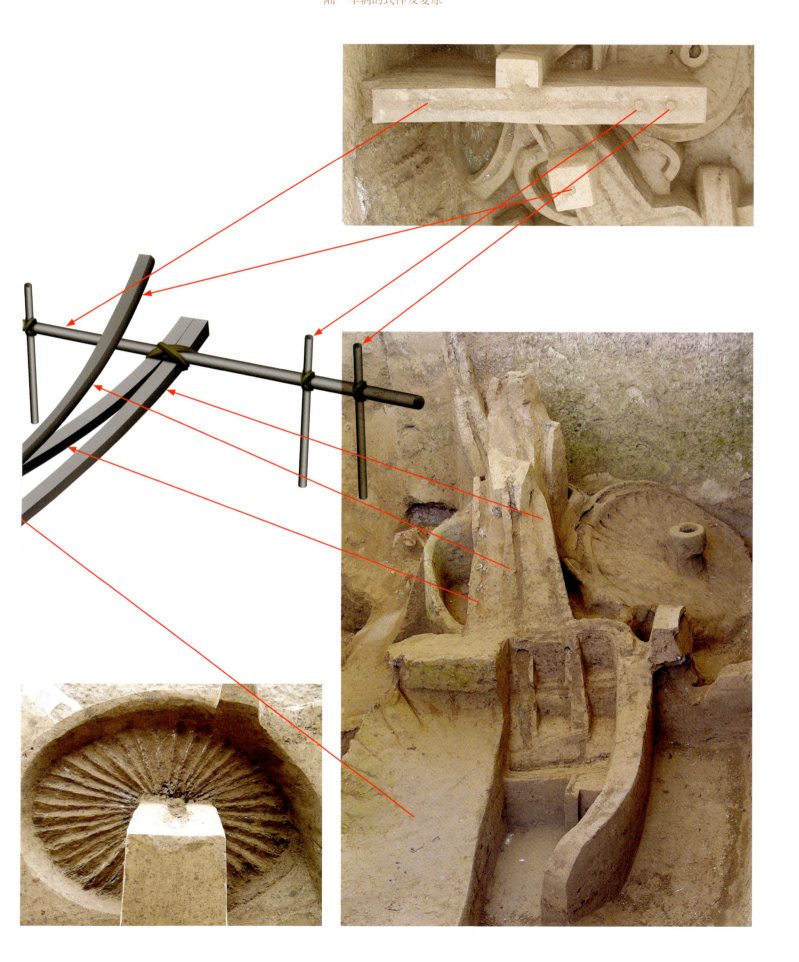

图 141　M14-3 号车车迹原貌、复原对比图

图 142　M16-5 号车复原效果图

图 143　M29-1 号车复原效果图

图 144　M29-1 号车车迹原貌、复原对比图

图 145　M29-1 号车车轮复原图

"Ψ" 形三叉式。辀较完整。车舆内有疑似 "ㄅ" 形伞杆。

车轮完整。推测车辐数为 24 根。

车毂上少量玻璃态球形小珠，无车軎，但下缀有玻璃态球形小珠 "飞铃" 饰。

二　墩坪车辆的式样及复原

墩坪遗址位于甘肃省漳县县城以西 15 千米处的三岔村，漳河北岸的二级台地上。漳河由西向东流经遗址南部，遗址地处北高南低的缓坡。从 2014~2019 年发掘大约 159 座春秋战国时期西戎文化的墓葬，绝大多数墓葬有车马器出土，有陪葬车的墓并不多。

墩坪墓地大部分属于戎人墓，还有少部分秦人墓葬，在造车方面可能受到了秦文化的影响。由于盗扰，无法得知是否属于戎人墓葬的更多信息。

M38 应该是属于 "殷周制式" 的车型。大部分已经盗损，现将残留车体部分进行了复原（图 146）。

车辀形制，辀首昂起并向后回勾，辀首饰青铜虎头，辀曲部装钉有三块铜饰片。

车衡形制，截面呈圆形。中部略粗，两端略细。车衡中部上有长方形軏环孔。车衡形制非常接近甘谷毛家坪出土秦墓车马坑 K201-1 号车，车衡中部也出现兽面牌饰。

图 146　M38 车衡结构及青铜车构件组装复原示意图

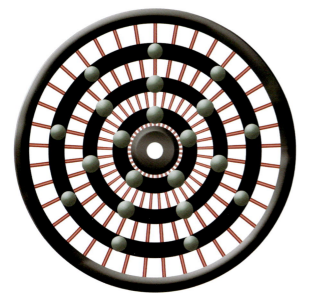

图 147　M51-1 号车车轮原貌、复原对比图　　　　　　图 148　M54-1 号车车轮原貌、复原对比图

车轭形制，"人"字形车轭脚向上勾起。铜质轭脚（軥）呈方角扁平状，銮口外有束绑物。

由于盗扰严重，车厢部分基本毁坏，只在竖穴南壁中部残留有车厢侧栏上的漆绘纹样和青铜勾云装饰。

M51 墓中的车，与马家塬Ⅱ型车舆厢形制相同，参见后文马家塬 M3-4 号车舆厢与墩坪 M51 舆厢比较（见图 223）。在这里仅对车轮做了复原，车轮上装饰三圈铜泡，铜泡缝制在宽 10 厘米的织物上，然后固定在车辐上，铜泡数量均为单数，内圈 5 个、中圈 7 个、外圈 9 个，车辐 37 根（图 147）。

M54 车轮，车辐 34 根，朱色髹漆（图 148）。

柒　牛车

（一）牛车复原及改装

2019 年 12 月，在甘肃漳县墩坪戎人墓地 M312 出土了一辆牛车[①]，为单辀架结构。长衡，"⊹"形车轭。墩坪戎人墓地，属于战国早期，要早于马家塬，而且牛车的辀架结构技术更加成熟。漳县墩坪戎人墓地牛车的出土，刷新了马家塬牛车最早的记录。

到目前为止，自殷商以来，在墓葬中使用 1∶1 比例的牛车陪葬，只见到了甘肃马家塬墓地和漳县墩坪戎人战国墓地的牛车，这是最早的牛车实物。而且马家塬牛车的辀架结构，是从独辀式向双辕式转变的一种"过渡型"。这既是中国考古史上的一次重要发现，更是我国车辆制造史和科技史上重要的实证。它为研究我国古车制造、发展和演变，有着极其重要的意义，并可填补古车研究领域中的诸多空白。

2009 年发掘 M57 中，出了 2 辆车迹。M57-2 号车，呈现出了迥异的"ᴀ"形辀架结构。在马家塬墓地以往发掘的车迹中，都是在车坑前第 1 辆车衡下葬马头和蹄骨。M57-2 号车处在第 2 辆车的位置，没有见到马头骨和蹄骨，所以当时无法判定是什么车。后来经过 2011 年对 M18-3 号车和 M19-1 号车的发掘，发现这两辆车也是"ᴀ"形辀架结构。并且在 M19 车坑东壁下即车辀前、车衡下面，葬有横向排列 4 个牛头

① 甘肃省文物考古研究所：《甘肃漳县墩坪墓地 2019 年发掘报告》，待刊。

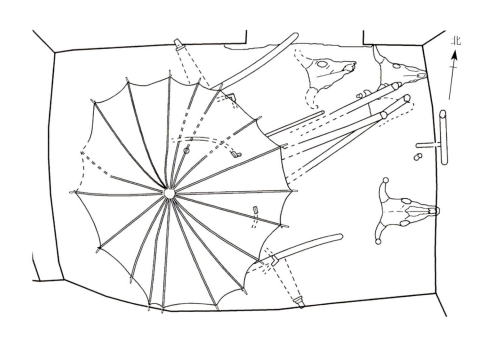

图 149　M19-1 号车平面图

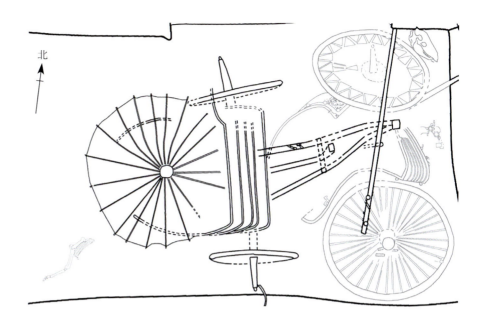

北

图 150　M57-2 号车平面图

（图 149）。M18-3 号车前，也有牛头和铜帽饰。经过比证后，这种辀前衡下放置牛头的做法，应该就是寓意驾牛的意思。根据辀架结构推测，M57-2 号车也属于牛车（图 150）。

在马家塬墓地仅见 Ⅲ 型车中，出现有三辀牛车，如 M57-2、M19-1、M18-3、M76-1 号车。

《世本·作篇》记载，王亥作服牛，相土作乘马，意即牛车为王亥所造，马车为相土所造。关于商人先祖在"服牛乘马"（《易·系辞》）的记载，说明当时已役使牛马来驾车，驾车技术已达到了一定的水平。这也正是车的制作和改进，以及用牲畜挽拉车辆技术应用的反映。起初不管是牛车还是马车的出现，并没有人类社会中的舆服等级制度，经过了一定的时间，贵族阶层才做出了等级的区分。牛车，在陪葬中被使用，还未见到战国以前的相关资料。在全国各地区以往的考古发掘资料中，汉以后墓葬中出现了很多木质或陶质的牛车模型陪葬品，可见从汉时起，牛车是最主要也是最普遍的乘载工具。也就是说，春秋战国之前，商人、周人等级制度的陪葬用车，没有或不见牛车。

春秋战国至两汉时期，牛车用于乘人载物，使用人群范围更广也更频繁了。《汉书·田延年传》载："初，大司农取民牛车三万两为僦。"[2]因此得知，马车多称为"乘"为计量单位，牛车则多以"两"为计量单位。简文中，我们可以看出汉代运输的主要工具就是牛车，是一种较普遍的运输工具。《史记·五宗世家》载："诸侯贫者或乘牛车也。"[3]这些都说明当时的牛车是一种规格不高的车。据郑玄在《周礼·考工记·车人》注中提到：大车是载任的车辆，并在同书《辀人》中说大车就是牛车。

在马家塬已发掘的墓葬中，目前在 M18、M19、M57 和 M76 随葬有牛车各 1 辆。舆厢的形制是栏杆式结构，左右侧板为弧形，并横出车耳。

②《汉书》卷九〇《田延年传》，中华书局，1962 年，第 3665 页。

③《史记》卷五九《五宗世家》，中华书局，1959 年，第 2104 页。

前轼较低，后有开口，都装有车伞。这些与马车的Ⅲ型车基本一致。而不同于马车的是"A"形三根长辀和衡、轭，对这些部分进行了改装设计（图151）。

由此根据牛车的辀架结构分析，应该是由马车改装而成，而不是专为牛车设计的。以 M57-2 号车为例。

（1）车辀部分的改装

基本结构还是辀从车舆底部向前伸出昂起。另在辀两侧添加了两根附辀件，其独特的形制设计为三根长辀，辀身中部，用横木连接着三根辀身。上载车舆，下扣车轴拽拉前行时，坚固性更好。加强或扩展了用辀牵引作用的功能。

（2）车衡部分的改装

马车的车衡长度在 0.92~1.42 米之间（马家塬马车车衡长度），而牛车车衡的长度达到了 2.5 米，比其他马车的衡木长出近一倍。是因为独辀增加了两根，使两个服牛并排前行时的间距加宽了。

（3）车轭部分的改装

牛颈上架的轭，应该是简化为"卄"形，即两根木棒，并列束绑在车衡上，连接在衡木左右两端。

关于辀、衡、轭的连接方式，M57-2 号车虽然捆扎痕迹看不到，但仔细观察发现，前后、上下和其他马车的叠压关系是一样的，是辀下衡上，

图 151　M57-2 号车（牛车）辀架结构
　　　　复原图

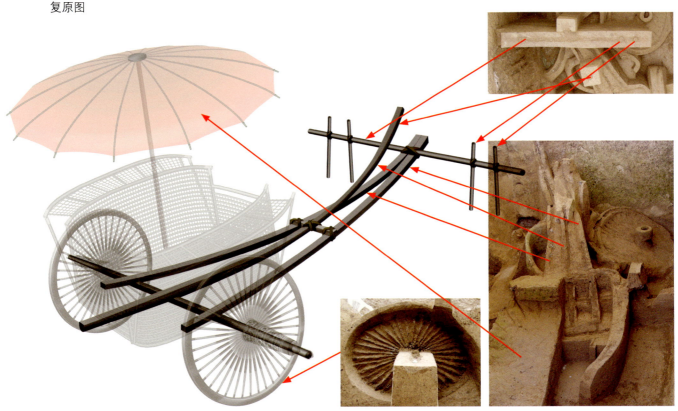

衡前轭后。

从马的身高看，一般普通马的身高约 1.5 米或 1.6 米都算高的，则架在马颈上轭距地面约 1.3~1.45 米。牛架轭的高度相应要低一些，大约距地面 1.2~1.35 米。所以，M57-2 号车的车衡，没有连接在中间昂起的轴上，而是选择连接左右两根昂起较低的辀木。这样的设计便于牛驾车。

（二）改装设计思想

从石器时代开始，人们从来就没有停止过对于造物的苦思冥想和实际的造物活动。当人们不满足于现状的生活方式时，创造出的物质用品就有了升级，或者被改造。于是，社会就发展了。当创造物被改造，使得生活方式发生了变化，新的要求又激发了创新，创造物又进一步提升……人类的文明史就是这样发展前进着。一部人类的文明史，无论那个地区和民族，可以说都是从制造生活用品和生产工具开始的。

戎人本是游牧民族，对马很重视，也许是当时频繁的战事，加之骑兵的兴起，马匹都被用作骑兵的装备。因为马匹的减少，就用牛代替马匹拉车。牛的负荷能力大而稳，远胜于马驾车，所以牛车在生活中得到了重用。从牛车结构的设计思想来看，应是在前人造马车的基础上，为了便于牛拉车而专门做的改装，设计出了这样比较符合"牛体工学"的畜力曳引车。这些在今天看起来简单的改进，但在那个时代，可能需要几代的戎人们，在生活劳动中，不断地发现、思考，总结经验，然后逐步改造这些前代形成的固有结构，使牛和车在乘、载的使用中更合理、更适用。而且这种结构的牛车，在其他地区的文化遗存中尚未发现。应该说是战国时期戎人独创的。

根据所发现这样的车架结构设计，就清晰地找出了从独辀到双辕的演变过程（见图 50）。

捌 车辆的设计制造方法及拆解复原新认识

经过对部分古车的解剖、分析比对，我认为重要的不仅仅是对古车的外观复原，更重要的是对造车方法和技巧进行还原。在这里做了一些拆解分析。

《考工记》是中国所见年代最早，也是最全面的手工业标准总汇，记述了齐国官营手工业多种器和物的设计规范、技术要求、制造工艺、检验方法和质量管理。《考工记》中记载"一器而工聚焉者车为多"，可见车的制造中涉及工种较多，且需要分工协作，有专制车轮、车盖者称"轮人"，专门制造车厢的"舆人"等。还有精确的模数思想记载："舆人为车，轮崇，车广，衡长，参如一，谓之参称。参分车广，去一以为隧。参分其隧，一在前，二在后，以揉其式。以其广之半，为之式崇；……辀人为辀，辀有三度，轴有三理。……轵前十尺，而策半之……"[①]等等。

通常认为，车辆的易丢失和易磨损配件，如车軎、车辖、铜、釭等，应该是有统一的规格和尺寸，使车辆青铜配件能达到共享和互换。但张家川马家塬这批独辀双轮马车，车轨距宽窄不一，车軎内径大小不一，盖弓帽粗细大小规格也不尽相同。如在 M57-2 号牛车，在同一辆车伞盖上，就有大小、长短两种规格的盖弓帽和盖弓套，金属铸造工艺不是批量统一规格化铸造。部件缺失后，也只能用不匹配部件补充。从所出土古车标本中，也没有发现车辆尺寸及构件尺寸完全相同者。

由此可以看出，车子均是逐一制造，每辆车均是独立设计、制造和安装的。诸多古车尺寸大小的差异，使得这个造车标准只是在木结构形制方面相同。如木质的舆厢、辀、轴、衡、轭等，虽然长短、大小有区别，但基本形制有着统一的造车标准和法则。

种种迹象表明，当时社会并不存在生产相同车构件时，能够统一构件尺寸及规格的作业模式。制车行业对车辆的构件，还没有形成统一规格的管理和生产，而是家族或家庭式的生产状态，只是针对单个个体的设计制造。全国其他地区所出土的先秦以前古车标本，也都是这样。

下面将马家塬的车辆尺寸以列表进行比较（表五至八），从中可看出这种个体式的设计造车各部件之间的差别。

从表五可看出，车辆尺寸大小不一。按我们现今普通较平整的土质道路来看，轮距的宽窄决不会影响到车子的行走。轮距即使有六尺、九尺之差，也不会影响太大的。可以想象崎岖的山路、泥泞不平的路面，

① 戴吾三：《考工记图说》，山东画报出版社，2003年，第34、36页。

表五　马家塬（部分）车辆主要构件尺寸统计表　　　　（单位：厘米）

墓号	车号	车型	轮径	辐距	轨距	毂长*	轴长	衡长	辀长	舆宽	舆深	舆高	伞径	备注
M1	1号车	I型												
	2号车	II型	140	10	—	—	—	—		—	—	—		
	3号车	II型	146	6	170	30	250	—		130	100	60		
	4号车	III型	140	6	168	45	258	—		120	70	70		
	5号车	IV型	150	11	168	20	218	—		—	—	—		
M3	1号车	I型												
	2号车	II型	140		180	50	290			—	—	75		
	3号车	III型	140	8	—	45	270			—	95	75		
	4号车	II型	160	8	—	65	—	—		120	—	86		
	5号车	IV型	130	9	165	33	240	—		80	90	23		
M4	1号车	I型	122	10		42			310	—	—	72	—	
	2号车	III型	122	10	180	47	278	138	370	115	129	71		
M5	1号车	I型					185	130						
M6	1号车	III型	102											
	2号车	III型											—	
	3号车	III型	124								140			
M9	1号车	I型	140										—	
M10	1号车	II型	140	—	162	57	283	135	328	120	117	72	—	
M13	1号车	I型	153	9	—	45	—	142	350	130	130	70		
M14	1号车	I型	150	6	175	55	283	116		130	110	70		
	2号车	III型	120	8	165	40	260	—	—	120	108	45	230	
	3号车	IV型	70	5	134	28	190	—	—	120	70	35		
M15	1号车	I型	138	7	160	55	282	126	320	134	110	64		
M16	1号车	I型	—	—	178	52	305			83	85	60		
	2号车	II型	160	10	—	42		110		110	—	80		
	3号车	II型	160	6	160	70	310	130		130	130	75		
	4号车	III型	140	8	160	42	265	128		140	85	63	160	
	5号车	IV型	140	10	153	62	280	100	320	52	65	20		
M18	1号车	II型						90	306	—	—			
	2号车	I型	124	—	—		210	140	325	110	115	60	210	
	3号车	III型	110	—			224	120	335	150	120	60	210	牛车
M19	1号车	III型	126	—	160	50	—			102	104	—	230	牛车

续表五

墓号	车号	车型	轮径	辐距	轨距	毂长*	轴长	衡长	辀长	舆宽	舆深	舆高	伞径	备注
M20	1号车	不明	146		175	60	302			123	—			
M21	1号车	I型	143	14	170	50	271		343	110	146	70	155	
M23	1号车	不明	170	10	170									
M25	1号车	III型							326	120	110	75		
M29	1号车	V型	124	7	150	48	250	92		105	95	12		
M57	1号车	I型	152	10	—	40	—	100		140	120	—		
	2号车	III型	94	7	180	49	265	250	—	126	115	—	172	牛车
M60	1号车	III型					265							牛车？
M62	1号车	II型	122			—			—	115	118	72		

说明：本表是根据车迹无挤压变形处所提取的数据。"—"号表示此栏缺失不详；"*"包含车畫的长度。

表六　马家塬（部分）车畫尺寸一览表　　　（单位：厘米）

墓号	车号	车型	长	直径	内径	帽长	形制	质地
M4	1号车	I型	6.5	6.8	3.8	无帽	有畫无帽	铜
	2号车	III型	7.8	7	3.5	无帽	有畫无帽	铜
M5	1号车	I型	15	9.4	5.2		畫帽一体	铜
M14	1号车	I型	7.7	4.5	3.2	8.5	有畫有帽	铜
	2号车	III型	7.8	6	3.5	无帽	有畫无帽	铜
	3号车	IV型	6	5	2.5	无帽	有畫无帽	铜
M15	1号车	I型	6	6.8	4.5	11	有畫有帽	铜
M16	1号车	I型	8.2	8	5	12.4	有畫有帽	铁
	3号车	II型	无　畫		4	14	无畫有帽	铜
M18	1号车	II型	5.8	5.1	2.9	无帽	有畫无帽	铜
	2号车	I型	8.1	7	4.3	无帽	有畫无帽	铜
	3号车	III型	7.5	7	3.5~4	无帽	有畫无帽	铜
M19	1号车	III型	10.3	7.5~7.8	4.3		畫帽一体	铜
M20	1号车	不明	无　畫		4.4	14.8	无畫有帽	铜
M21	1号车	I型	9	8.2	4	无帽	有畫无帽	铜
M22	1号车	不明	无　畫		3.6	13	无畫有帽	铜
M25	1号车	III型	5.5	8	3.5	7	有畫有帽	铜
M60	1号车	III型	6	6	3	无帽	有畫无帽	铜

表七　马家塬盖弓帽和盖弓管规格、尺寸一览表　　　　（单位：厘米）

墓号	车号	车型	形制	内径	外径	长	个数
M4	1 号车	Ⅰ型	帽形 2 种	1	1.2	3.8	—
				1	1.2	5	
M6	2 号车	Ⅲ型	帽形 2 种	1	1.2	5.5	—
				1	1.2	5.7	
M9	1 号车	Ⅰ型	管形 1 种	1	1.2	2	—
M14	2 号车	Ⅲ型	帽形 1 种	0.8	1	6.5	18 个
M16	4 号车	Ⅲ型	管形 1 种	0.8	1	1.5	—
M18	3 号车	Ⅲ型	帽形 1 种	—	—	4.8	18 个
M19	1 号车	Ⅲ型	帽形 1 种	1	1.2	6.3	18 个
M57	2 号车	Ⅲ型	帽形 1 种	0.8	1	2.6	20 个
			管形 1 种	0.8	1	2	
M60	1 号车	Ⅲ型	帽形 1 种	0.8	1	5.2	—

说明："—"号表示此栏缺失不详。

表八　马家塬陪葬车辆车轮辐数一览表

墓号	车型	轮辐可见数	轮辐推测数
M1	Ⅱ型车	右轮 15 根	30 根
	Ⅱ型车	左轮 23 根	40 根
	Ⅳ型车	左轮 16 根	32 根
M3	Ⅱ型车	右轮 36 根	38 根
	Ⅲ型车	右轮 28 根	32 根
	Ⅱ型车	右轮 27 根	38 根
	Ⅳ型车	右轮 27 根	30 根
M4	Ⅲ型车	右轮 14 根	26 根
M6	Ⅲ型车	右轮 30 根	
	Ⅲ型车	左轮 32 根	
M13	Ⅰ型车	左右轮均为 36 根	
M14	Ⅰ型车	左轮 32 根	34 根
	Ⅲ型车	左轮 30 根	
	Ⅳ型车	左轮 21 根	24 根
M15	Ⅰ型车	左右轮均为 28 根	

续表八

墓号	车型	轮辐可见数	轮辐推测数
M16	Ⅱ型车	右轮 26 根	32 根
	Ⅱ型车	左轮 33 根	40 根
	Ⅲ型车	右轮 16 根	30 根
	Ⅳ型车	左轮 32 根	34 根
M57	Ⅰ型车	右轮 34 根	36 根
	Ⅲ型车	左轮 33 根	38 根

应该是那个时代的道路状况，没有必要限制车轮间的距离。

从表六可看出，车軎尺寸口径、长短、大小不一，纹样有繁有简，做工糙细不一。

盖弓帽和盖弓管，套在车伞弓骨末端上，是专门配合伞盖布的铜配件。将伞弓撑开，盖弓帽上的钩，是钩连伞盖布边缘用的。

从表七可看出，盖弓帽和盖弓管，在同一个伞盖上，除口径尺寸略为一致外，其长短、外形、有纹样和无纹样都不一致，而且有的伞盖，帽形和管形混合使用，伞弓数目前有 18 根和 20 根两种。

从表八可看出，不仅轮径尺寸不一，轮辐数量不一，且髹漆装饰朱黑搭配的方法也不同。根据所解剖的几个车轮标本看，轮辐的形制基本一致，股端呈柳叶状，宽约 3 厘米。骹端呈圆柱状，直径约 2 厘米。在马家塬戎人墓中，无论是制轮还是制伞，基本上均是以双数为准。使用双数来规范车牙榫眼间距和车毂榫眼间距，是比较简单科学的方法。

（一）舆厢结构的装配方法

Ⅰ型和Ⅱ型车舆厢侧板装饰面，装饰多样，但是舆厢装配结构一直不清楚。2012 年对 M14-1 号车的解剖，还有对 M62 发掘，基本搞清了Ⅰ型和Ⅱ型车的舆厢装配结构。

M62-1 号车属于Ⅱ型车。根据舆厢与侧栏装饰面分离的遗迹情况，发现该车没有组装完成，而且木栏式舆厢结构特别清楚（图 152）。M3-4 号车舆红色装饰面透出的木栏结构也很清楚。由此可以明确，Ⅰ型和Ⅱ型车的舆厢、木栏装配结构和方法：先做好木栏式结构舆厢，然后左右再安装加高出木栏的侧板（图 153）。

（二）车伞构造及安装方法

在马家塬墓地，有伞盖的基本上都是Ⅲ型车。有明确伞盖痕迹的约有 7 辆，绝大多数并没有放置车伞，或者只是放置了几个盖弓帽，以示

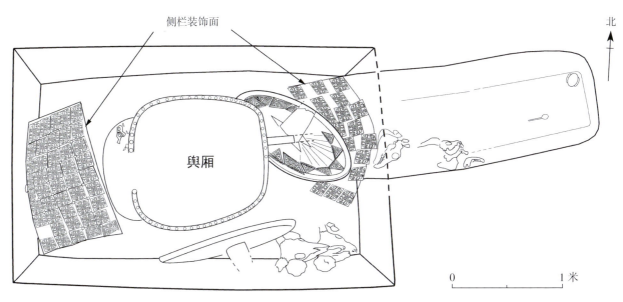

图 152　M62 平面图

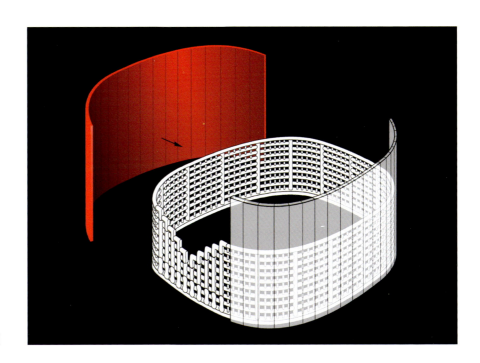

图 153　Ⅰ、Ⅱ型车车舆结构组装示意图

车伞。伞面的材质目前尚不明确。只是可以辨认出伞面红色和伞弓痕。伞盖直径 155~230 厘米，伞弓数量 18~20 根不等。伞斗部分更是不详。伞杆基础部分，只在 M16-4 号车和 M19-1 号车发现。

车伞结构，从 M16-4 号车迹上，舆厢内有明确的伞杆基础，在左侧栏后的位置。我认为伞杆基础部分是捆扎在车舆侧栏上的。因为只有这样，车伞在舆厢内才更牢固。在自然界中 "ʃ" 形状的树枝杆很多，找到并利用它不是很困难。应该是选择借助于舆厢侧栏来捆扎伞杆的方法更合理（图 154），一是伞杆捆扎牢固，二是节省了舆厢的空间。可是我们在清理中没有发现 "ʃ" 形的伞杆。经过对 M19-1 号车伞盖的揭取，

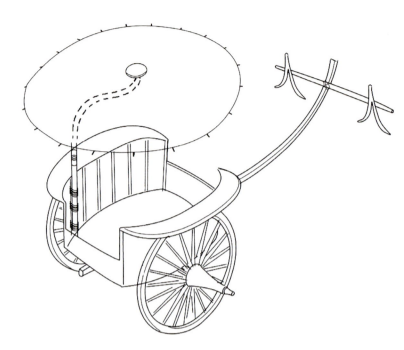

图 154　（Ⅲ型车）车舆内伞杆捆扎推想
　　　　示意图

图 155　（Ⅲ型车）M19 车舆内伞杆基础

暴露出了伞杆的下半部，是处在舆厢中央偏左部分（图 155），也有可能伞杆就是连接在舆厢中央部分。另外，根据马家塬 M1 出土有伞杆箍的形制分析（图 156），伞杆应该是分上下两部分组成，上部分可以随着需要，断开和插入使用。

　　另外，也有伞盖安装较为独特的，如 M14-2 号车（图 157）：整车体髹黑漆，车舆侧栏呈弧形，在侧栏沿上左右伸出车耳。车舆前轼也是木栏式，低于左右侧板。车舆后端留有开口，便于上下车，伞盖伞斗清晰可辨，伞面呈红色，伞弓 18 根。8 根立柱捆扎在舆厢两侧，形成伞盖棚架。这种车伞，不具有普遍性，多数Ⅲ型伞盖车，还是一根伞杆形式。

图 156 M1 出土的伞杆箍

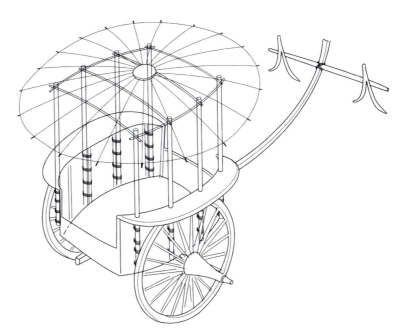

图 157 （Ⅲ 型车）M14-2 号车伞盖棚架
结构图

（三）车衡构造及安装方法

马家塬葬车车衡形制有 A、B、C 型三种。

A 型 截面呈圆形，两端细，中部略粗。多见 Ⅱ 型、Ⅲ 型和 Ⅳ 型车上，如 M16-4 号车车衡（图 158，A）。

B 型 截面呈扁弧形，两端略细，中部扁宽，截面呈扁弧形。仅见 Ⅰ 型车上，如 M57-1 号车车衡、M14-1 号车车衡（图 158，B）。

C 型 车衡长 110 厘米，衡上使用槽形铜扣件。而且整个衡上的铜扣件排列明确。鼓形衡末上的孔洞和衡中段槽形铜扣件上的孔洞，大小相等，两孔洞在轭两侧也是相等间距，可知两个孔洞，就是替代了衡木上 “Ω” 形轭环的功用，如 M15-1 号车车衡（Ⅰ 型车）和 M16-2 号车车衡（Ⅱ 型车）（图 158，C）。在甘肃秦安王洼出土的 M2 号车车衡也是这样。

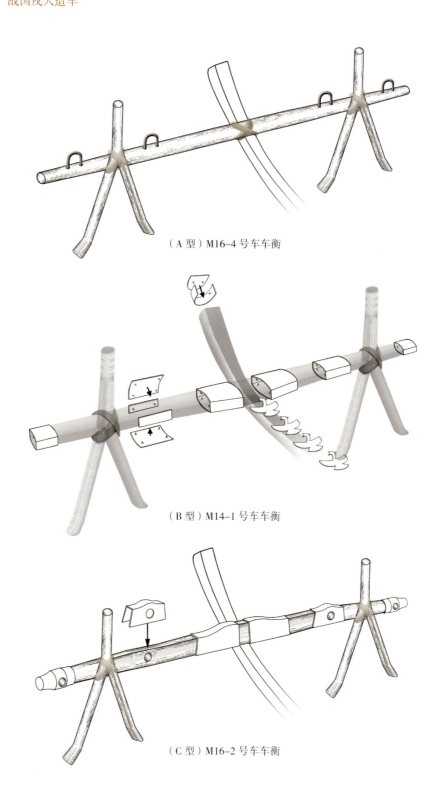

（A 型）M16-4 号车车衡

（B 型）M14-1 号车车衡

（C 型）M16-2 号车车衡

图 158　车衡形制复原图

（四）轭环构造及安装方法

　　从马家塬墓出土的轭环形制，结合车迹分析，共有三种。

　　第一种是"Ω"式。M1 出土的轭环（图 159），铁质，锻造。安装方法：在衡木打一个孔，用锻打好的"Ω"形铁条轭环穿进衡木孔眼，再将铁条两端向外撇开，防止轭环脱落。

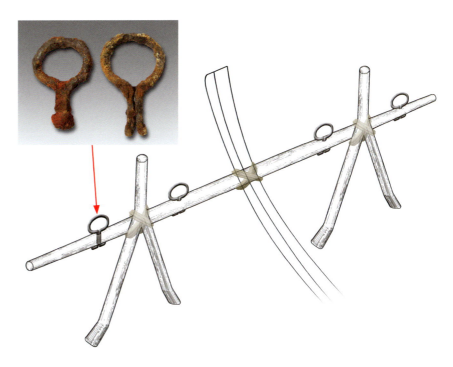

图 159 M1 轭环的安装方法

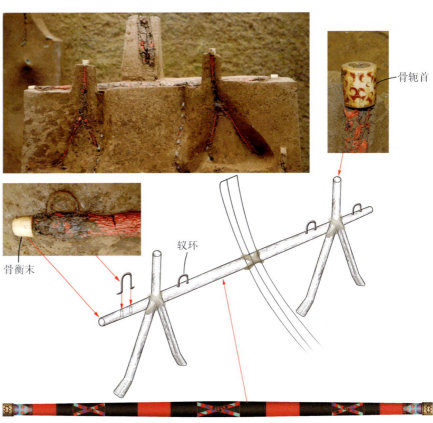

图 160 M16-4 号车车衡、轭环的安装
方法

第二种是"∩"式。见Ⅲ型 M16-4 号车迹（图 160）。安装方法：在衡木打双孔，用铁条锻打好的"∩"形铁条穿进双孔，再将铁条两端向外撇开，防止轭环脱落。

第三种是衡木上加装铜质的带孔槽形扣件和带孔鼓形衡末件。两个

图 161　M16-2 号车车衡原貌、复原对
　　　　比图（槽形铜扣件贯辔的使用
　　　　方法）

孔洞，就是替代了衡木上"Ω"形轵环的功用，如 M16-2 号车迹（图161）。

由于衡木中段开孔洞，替代"Ω"形轵环的功用，使得开孔处容易发生折断。使用"U"形槽铜扣件来做轵环的孔洞，弥补了易折断的缺陷，也起到了美观装饰作用。这样的车衡形式，在甘肃秦安王洼戎人墓中[②]也有出土，而且青铜衡件排列更加明确（图162）。

甘肃漳县墩坪戎人墓出土的轵环遗迹有两种。

第一种是"Ω"式，与马家塬 M1 出土的轵环相同。衡木截面呈圆形，两端细中部略粗（图163）。

第二种 M38。是铜质"∩"形方孔轵，骑扣在衡木上，中部辀与衡木衔接处，称"軏"的部位，也是用"∩"形带孔洞铜件，骑扣在衡木中央，与辀木捆扎形成"软连接"。并且在衡下、辀木两侧安装有两个铜环。衡木两侧各有四个青铜兽面牌饰，捆绑在衡木上。衡末两端捆绑有球形铜铃（图164）。这种加装铜质方形孔轵的车衡形制，非常接近甘谷毛

② 甘肃省文物考古研究所：《甘肃秦安王洼
　　战国墓地 2009 年发掘简报》，《文物》
　　2012 年第 8 期。

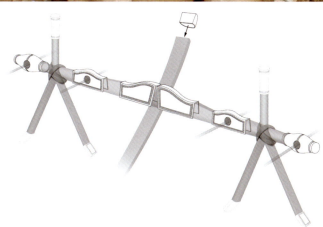

图 162 甘肃秦安王洼戎人 M2 车衡原
貌、复原对比图

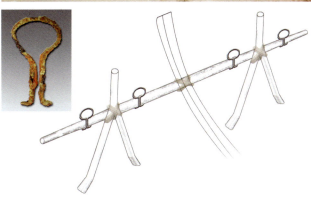

图 163 漳县墩坪戎人墓 M51 车衡（A型）轪环原貌、复原
对比图

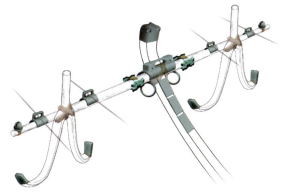

图 164 漳县墩坪戎人墓 M38 车衡（D型）管形轪环原貌、
复原对比图

家坪出土秦墓车马坑 K201–1 号车，车衡中部也出现兽面牌饰。

漳县墩坪 M38 由于盗扰严重，无法获得戎人墓葬的更多信息，但可以确定漳县墩坪 M38（在这里，我们暂定为 D 型）车衡形制，应该是属于"殷周制式"。也可以说漳县墩坪出土的陪葬车，一部分受到秦人的"殷周制式"的影响。

（五）车軏构造及安装方法

车軏：有 A 式、B 式和 C 式三种。

第一种 A 式，是 I 型车 M14–1 号和 M57–1 号车车軏的装饰方法，

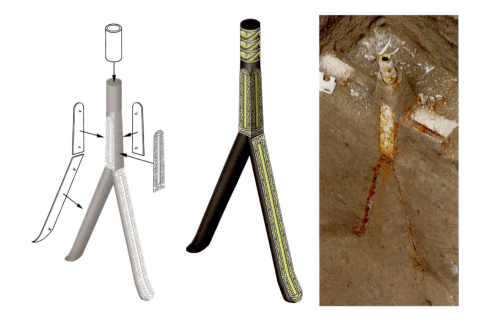

图 165 （A 式）M14–1 号车车軏
左：装钉示意图
中：复原图
右：出土时原貌

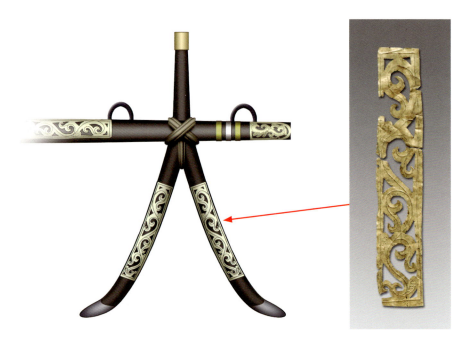

图 166 （B 式）M5–1 号车车軏复原图

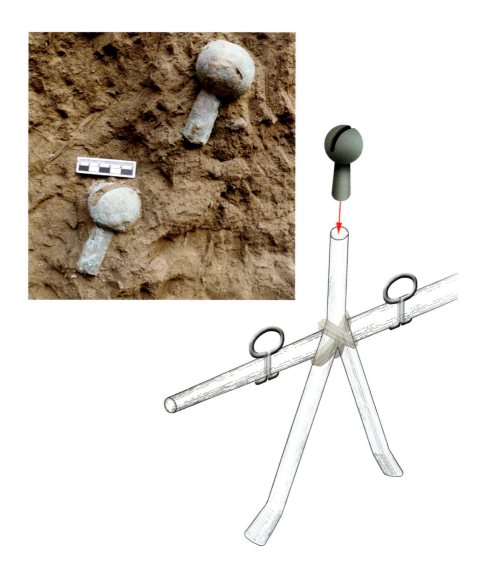

图 167　漳县墩坪 M87 车轭原貌、复原
　　　　对比图

是用嵌金银铁片装钉而成。以马家塬 M14-1 号车车轭为例（图 165），
轭首部嵌金银铁质圆筒，中部方形，用四条带钉的嵌金银铁片，装钉在
四个面上。下部两个轭腿外侧，也是用带钉的嵌金银铁片装钉。

　　第二种 B 式，是骨轭首，黑漆并包银箔花饰，如马家塬 I 型车
M5-1 号（图 166）。

　　第三种 C 式，是骨轭首，轭身黑漆朱绘纹，或无漆无饰，铜轭軥。
如马家塬 M16-3 和 M16-4 号车。或者无轭首，无轭軥，无漆无饰。只
是"人"字形轭。这在马家塬墓地所有车迹中，I、II、III 型车上，都
有 C 式车轭的存在。

　　漳县墩坪 M87，虽然没有明确车轭遗迹，但是它确定葬有铜质一对
车轭铃首（图 167），而且竖立在马头骨近处。由此，可断定竖立在马
头骨近处的一对铃首，应该就是车轭铃首，晋·崔豹《古今注·舆服》：
"《礼记》云：行前朱鸟，鸾也。前有鸾鸟，故谓之鸾；鸾口衔铃，故
谓之銮铃"，故车驾之铃。不知是不是应该叫銮铃，这里不再论述。

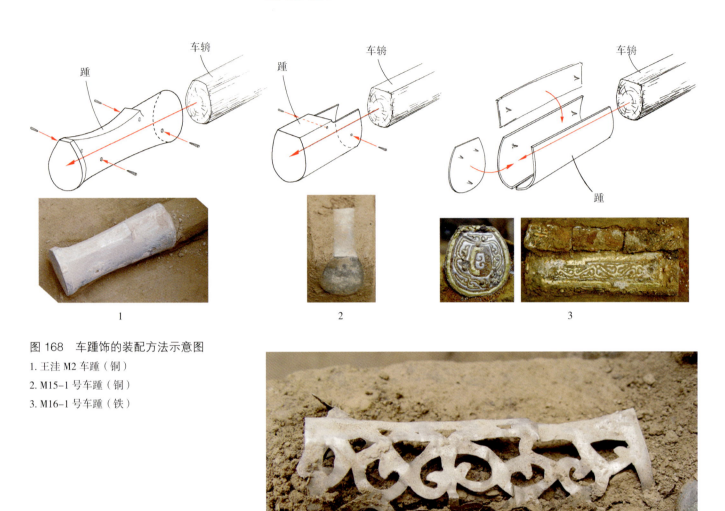

图 168　车踵饰的装配方法示意图
1. 王洼 M2 车踵（铜）
2. M15-1 号车踵（铜）
3. M16-1 号车踵（铁）

图 169　M21-1 号车银箔车踵饰

（六）车踵构造及安装方法

车踵基本上就是辀尾部的装饰，有嵌金银铁质和铜质两种。铁质的是用 2 毫米厚的铁皮加工包饰辀尾（图 168，3）。铜质车踵是以铸造的上平下圆马蹄形铜套管装在辀尾上（图 168，1、2）。还有一种直接将银箔花片包裹在辀尾部，如 M21-1 号车（图 169）。

（七）车毂构造及制造安装方法

从车轮毂、辐、牙的构造组合分析，可看到古人对斜面力、垂直结构力、滚动摩擦力的应用、平衡力原理的基本掌握。对惯性力、拱梁结构力的认识和运用，都可体现在车轮毂制造上。车辆在行驶应用过程中，各种作用力的相互平衡及各个构件间的相互作用与协调问题，古人已经有非常成熟的实践经验了，这在殷周时期的古车迹上就可看到。

车毂外周凿眼纳辐，中心圆孔贯轴。舆厢载人，对轴的重力又转移至毂上。试想木质毂纳轴传送来的舆之重力，又要受轮转的摩擦；外有辐条的不断推撑，毂受力之巨，久之很容易使毂木破裂。所以，如果没有合适的保护措施，一定会毂裂辐散，车毁人伤。

舆的重量靠车毂来支撑，毂愈长，支撑面愈大，力愈分散，可以平衡车舆重心，行车时更安稳。"五分其毂之长，去一以为贤，去三以为轵。"郑司农云："贤，大穿也。轵，小穿也。"③实际上的古车遗迹也是这样的，车毂中贯轴的空腔，外需卯眼的情况下，毂孔内径要随轴末端径的变小而收杀。如果说制毂使用整块圆木，直接掏轴腔比较困难，但对半"合范"式挖取轴腔，则较容易。所以我认为，"合范"式制毂方法，是较为实用可行的。

"以铜饰包毂的做法春秋以后便不再流行，此时人们采用韧性较强的动物皮革缠绕毂木，这道工序完成后便形成一道道的环状凸起。为了美观，人们制毂时在毂木上特意分段环刻，涂胶，缠革，打磨后油漆绘色，习成惯例，逐渐形成《考工记》所要求的'容毂必直，陈篆必正，施胶必厚，施筋必数，畴负必干'整套工艺流程，这样不仅很好地保护并加固了车毂，增添了美观"④（图170）。（1）涂漆，（2）缠绕，（3）鬃漆，用箍加固，增加强度防止开裂，这是制毂的工艺流程。马家塬诸多车毂迹，形制多见圆锥形体，也多见有一道或多道环状凸起的棱（图171），应该就是采用这样的工艺流程。

③《周礼注疏》卷三十九《冬官考工记》第六。

④ 黄富成：《两周独辀马车构造技术的探索——兼论先秦马车的出现与形制》，郑州大学研究生论文，2004年，第28页。

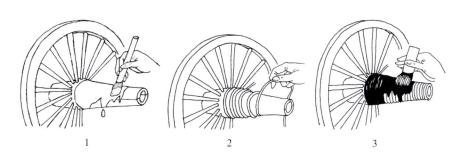

图 170　车毂加工方法示意图
1. 涂漆　2. 缠绕　3. 鬃漆（采自刘永华著《中国古代车舆与马具》图六十二）

1　　　　　　2　　　　　　3

图 171　M3 车毂上的环状凸起物

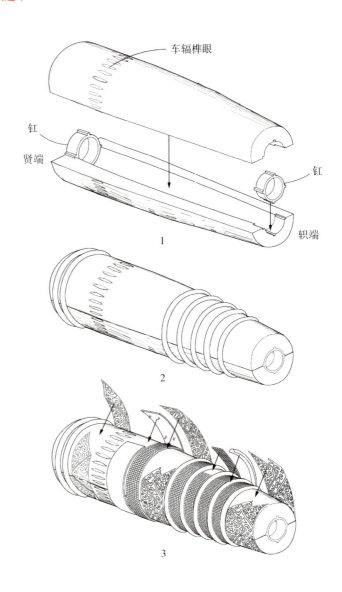

车辐榫眼

钉

贤端

钉

轵端

1

2

3

图 172　M16-1 号车车毂装配示意图

秦陵铜车马的轮毂形制特点，是毂中之穿亦呈鼓形，即中部穿径最大。也就是说轴穿过毂部分呈纺锤形，轴在毂内仅和毂穿两头接触摩擦，中部不接触[5]。根据铜车马的轮毂形制，我们将 M16-1 号车车毂，以示意图的形式进行拆解分析，可清楚了解到制作的装配情况和步骤（注：其步骤只是根据标本迹象的观察所推测）（图 172）。

（1）制成"合范"式车毂。轴槽中部略大一些，在贤端和轵端的轴贯槽内，嵌装金属"钉"（目前马家塬古车中，均未见钉和铜，图中"钉"的形制，参考了孙机先生《汉代物质文化资料图说》车Ⅳ部，26-6 图）。

（2）拼合后，用韧性较强的动物皮革缠绕加固毂木，并且进行施胶、涂漆等工序。

（3）用嵌金银铁箍，铁箍上镶有铁钉。金、银箔花饰，也是使用小钉固定。玻璃态球形珠交串式粘贴包饰。多道的环状加固凸起的棱上，用条状"U"形金箔和银箔进行包饰。

⑤ 陕西省秦俑考古队：《秦始皇陵一号铜车马清理简报》，《文物》1991 年第 1 期；陕西省秦俑考古队、秦始皇兵马俑博物馆：《秦陵二号铜车马》，《考古与文物丛刊》第一号，1983 年。

（八）车轮构造及制造方法

　　马家塬所有的车轮，均为辐式车轮。车辐数多则40根，少则也有20根。根据我对车迹测绘时的观察发现，有些车迹辐股向内隆起，车两轮呈"八"字形。牙（又称辋）稍偏于外，辐股向内隆起形成"轮箅"形状。郑玄《考工记》注："轮箅则车行不掉也。"有学者认为："轮箅装置更有利于对车的减震和保护。因为辐条的材性（檀木）具有很高的强度和韧性，辐条内隆，使车子在路上行走时起到了很好的'支簧'作用，无疑对车的减震和保护胜于伏兔、当兔之功效。"[6]孙机先生提到："这样在行车时辐有内向的分力，使轮不易外脱。而且装置方式能增强车轮对侧向力的反作用力，当疾驰急转时，纵使车身倾斜仍不易翻倒。所以这是一种符合力学原理的装置法。"[7]

（九）辖、軎、帽的安装组合方法

　　马家塬所出土古车的铜车軎（图173）和嵌金银铁车軎，多为軎、辖、帽（帽呈子弹头状，这是甘宁地区特有的軎帽形制）三件一组（见

⑥ 黄富成：《两周独辀马车构造技术的探索——兼论先秦马车的出现与形制》，郑州大学研究生论文，2004年，第28页。

⑦ 孙机：《汉代物质文化资料图说》，文物出版社，1991年，第105页。

图173　车軎

上：三件组（M14–1号车车軎）

下：軎帽一体车軎（M5–1号车车軎）

图47）。由于所有陪葬车多数只重外观装饰，减化或省略了实用性配置。因而，多数车辆只安装车軎，或者只安装后段"帽"部分。还有一种直接将軎和帽铸成一体的形制，如 M5、M19 铜车軎，秦安王洼 M2 陪葬车铜车軎，就是连体式铸造。

（十）珠饰穿系方法

马家塬墓地出土了大量汉紫、汉蓝及乳白色的玻璃态球形珠。在舆厢侧板、车毂、墓主衣服及头饰上，均有装饰。大部分已经粉化，墓主身上保存较好。根据球形珠排列规律，经过多次的模拟穿系，我最终破解了片状球形珠的穿系方法。

穿系方法有两种，交串式和直串式。

交串式球形珠是装饰在舆厢侧板、车毂、墓主衣饰及头饰上。球形珠均为孔眼对孔眼，蜂巢式矩阵排列的交串式穿系方法。交串式是绳子交叉穿系而成，就是用两根绳子穿，每个珠孔交叉被穿两次，垂吊后形成串片（图174）。这里要说明一下，只要线绳有足够的长度，珠子有足够的数量，串片面积是不受限制的。在舆厢侧板、墓主头饰和服饰上串珠，组合有不同的图形，穿系组成二方连续的图案，目前可辨识的有菱形纹、回形纹等图案。

第二种直串式，用一根绳子穿系，多串垂吊后形成串束，如 M15-1 号车车辖下垂吊的飞铃。

在发掘削剔过程中，我们发现墓主身上佩戴的珠饰保存相对较好一

图 174　交串式珠饰穿系方法
左：交串式珠饰穿系方法示意图
右：M4 墓主玻璃态球形珠佩饰（局部）

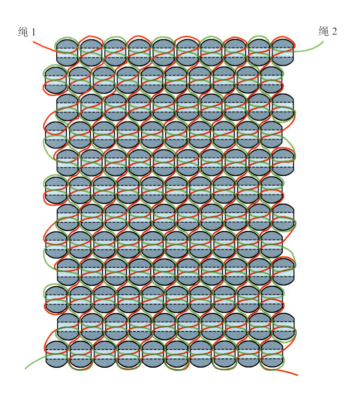

绳1　　　　　　　　　　　　　　　　绳2

些。车舆、车毂上的珠饰保存较差，特别是车舆侧板上的珠子，有一些已经结成块状。由此可知，车舆、车毂上的珠饰，穿系成串片后，使用了黏合剂，粘贴在了装饰面上。其实，漆就是很好的黏合剂。在舆厢侧板上，如不使用黏合剂，就挂不住密集的珠饰。

（十一）各部件的连接方法

马家塬古车上有多种铜肘件、铜帽件和管件等，采用的金属材料有金、银、铜、铁、锡等，是重要部位连接的加固部件，也是马车的装饰部件材料，均采用了镀锡铜。这样既增加了车体的金属质感装饰，又使车体坚固耐用。

马家塬古车发现有四种连接方法：榫卯连接、绑缚连接、钉铆连接、绳拉连接。

（1）榫卯连接

主要是制轮过程中车辐在与车毂、车牙的连接，伞斗与伞弓的连接，车舆栏杆的连接等，也包括车舆栏杆转折处的铜肘件的连接（图175、176）。现有10种铜肘件和后门柱铜帽饰（图177），并且都有小钉固定的钉孔。

（2）绑缚连接

主要是辀与衡的连接，舆厢与辀、轴的连接，伏兔与车舆的连接。这种连接痕迹在马家塬所有车迹上，少有发现，原因是绑缚朽痕难以辨

图 175　车耳金属构件榫卯连接装配示意图（Ⅲ型 M16-4 号车）

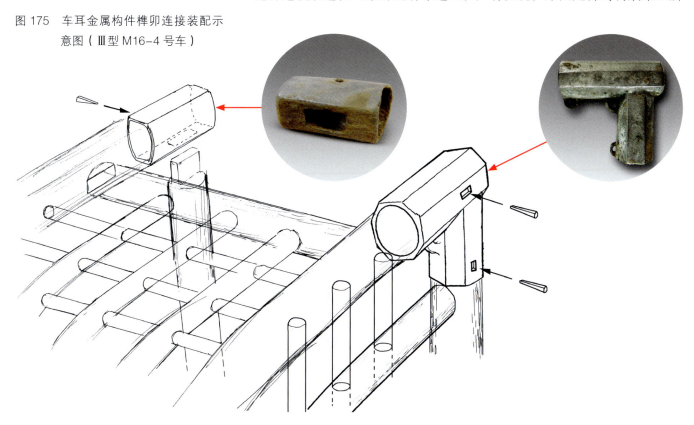

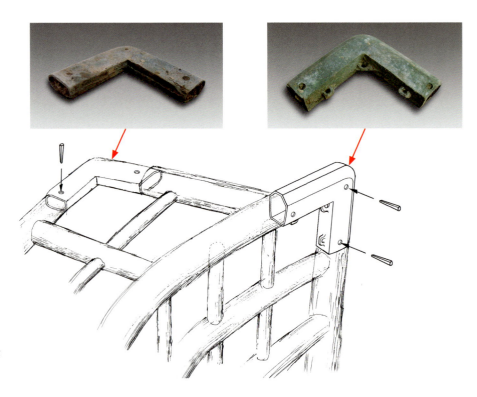

图176　车耳金属构件榫卯连接装配示
意图（Ⅲ型 M25-1 号车）

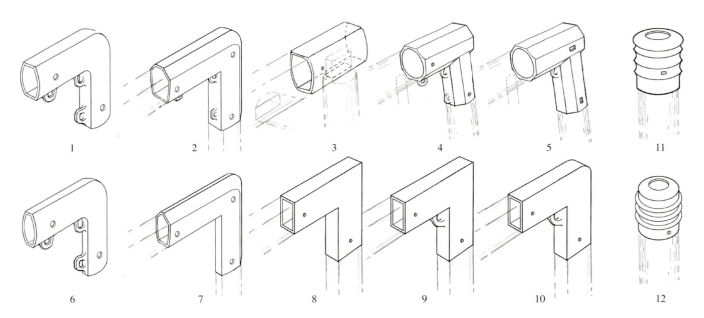

图177　各种形制的车舆铜肘件和后门
柱铜帽饰

1~10. 车舆铜肘件

11、12. 车舆后门柱铜帽饰

别（复原图上的绑缚连接仅为推测）。

（3）钉铆连接

目前只见到Ⅰ型和Ⅱ型车的舆厢上，主要是青铜车器、饰件，嵌金
银铁车器、饰件和青铜"Γ"件、青铜肘件的装钉连接等（图178）。

（4）绳拉连接

目前只见到Ⅲ型车的舆厢上，舆厢栏杆及车耳结合处的青铜肘件的
固定连接（图179）。青铜肘件内侧有三个小耳、一个小耳和无耳三种。

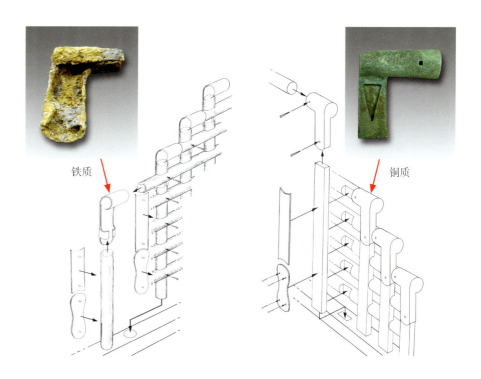

铁质

铜质

图 178 车舆后门铁质和铜质"Γ"形
构件装配示意图

图 179 车舆肘件

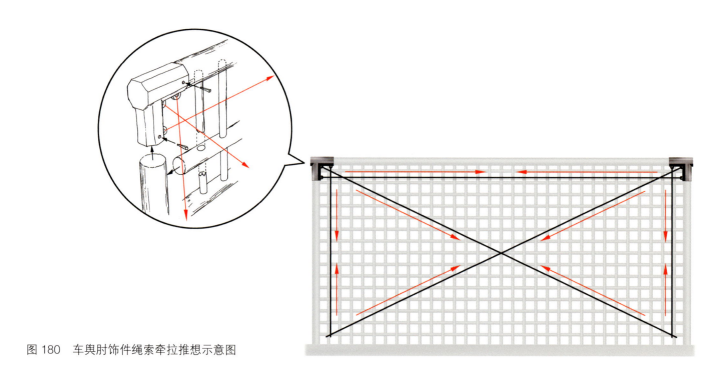

图 180　车舆肘饰件绳索牵拉推想示意图

图 181　车舆后门"Γ"形构件（背面）
左：铁质　右：铜质

将细绳穿系在三个小耳，与其他肘件内侧三个小耳互相牵拉至紧，使舆厢榫卯结构、纵横穿杆更加紧密和牢固（图 180）。

经发现，所有车迹中，Ⅰ型车多用铁，而且是配合金银使用的嵌金银铁车饰件。Ⅰ型车上只要有铁，都是用嵌金银的铁饰来装饰车辆。铁矿石在自然界中分布极为广泛，但人类发现铁、利用铁却比金、银和铜晚得多。春秋晚期发明了生铁冶铸技术。战国晚期已有铁柔化处理技术，已能把生铁铸件经过柔化处理变为可锻铸铁（即韧性铸铁）。作为当时"新型材料"的铁，自然会运用在等级最高的Ⅰ型车上进行装饰。根据对比观察，后门饰"Γ"形构件材料有两种，一种是铁质材料，先锻打成形后，再进行嵌金嵌银装饰；另一种是铜质材料，用铸造工艺，是一次性浇铸而成形的（图 181）。经发现，后门"Γ"形构件有多种形制（图

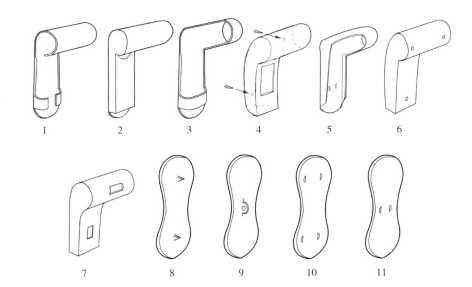

图 182　车舆后门"Γ"形和亚腰形金
　　　　属构件形制示意图

1~3、8~11.马家塬墓地

4、5.兰州市城隍庙文物市场

6、7.漳县墩坪墓地（1、8 为铁质，其余为铜质）

M44　　　　M164　　　　M87　　　　M81　　　　M88

图 183　漳县墩坪戎人墓葬出土的车舆
　　　　后门銎插式铜坠件

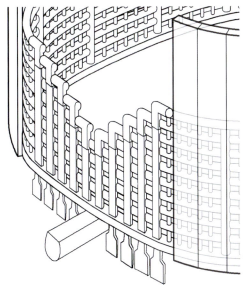

图 184　漳县墩坪 M44 车舆后门"Γ"形
　　　　銎插式铲形铜坠件装配示意图

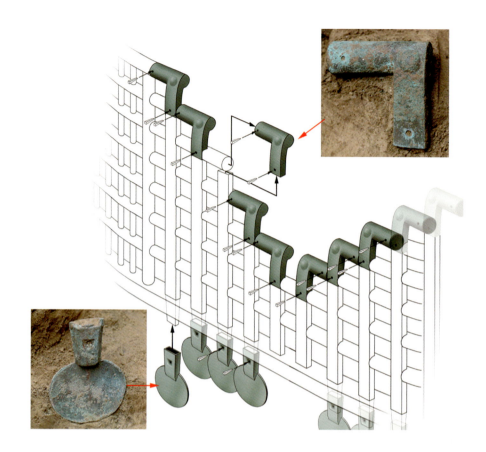

图 185 漳县墩坪 M37 车舆后门 "Γ"
形銎插式铜坠件装配示意图

182，1~7）。

在甘肃漳县墩坪战国早期戎人墓葬中，舆厢形制与马家塬相同，也有横栏圆木穿榫于纵木圆柱的方法，但制造的方法却稍有不同。从 M37 后栏遗迹上看，为横栏木条扣合在纵木圆柱上，形成 "十" 字。后门饰下部，采用的是銎插式铜坠。有圆形、椭圆形、铲形和圆形坠链式后门铜饰（图 183）。上端对接处使用 "Γ" 形铜肘件（图 184、185）。

玖　车辆的工艺装饰设计和纹样

人类在追求物质及精神文化的双重进步时，定会促成人类对审美意识的觉醒。人无不死，戎人也相信人死后，去另一个世界是退一步的不死途径，所以对于死后随葬更多的财产，成为最佳选择。他们用尽人力、物力，营造陵墓，挥尽财力随葬精美的马车，反映出的是生者用物质及艺术营造的、给死者在另一世的需求。这也是众多历代帝王贵族们仍想死后奢华享乐的最后一个愿望。

《考工记》是中国最早的一部设计著作。戴震著的《考工记图》卷上记载："天有时，地有气，材有美，工有巧，合此四时然后可以为良。""天时""地气"，是指自然界的客观条件及存在，强调造物应该顺应天时、地利、人和；再加上上佳的材料，工匠的精巧，合这四项条件，才能制造出精良的物品。

从工艺美术设计方面研究，还可一窥游牧民族在精神上对美的追求及智慧。前已阐述，马家塬墓地出土的这支戎人的遗物中，包含有少量的周秦文化。但是，主流文化应是欧亚草原文化和当地土著文化，而反映在车辆装饰上也是如此。斯基泰文化中最显著的特点是斯基泰的野兽纹，是最具代表性的纹样，集写实与装饰兼备的造型。独有的野兽纹、鹿纹和巨喙鸟纹形象，彰显了草原游牧人的强悍、张扬的性格特征。不仅反映了古老原始宗教观念，也体现出北方草原游牧民族文化及对动物的特殊情感和崇拜。战国戎人墓出土的大量装饰精美的马车及墓主随葬饰品，錾刻、锤鍱、镶嵌、彩绘、镂空浮雕等，精湛的制作工艺及独具特色的纹饰，体现了西戎部族在实用、审美的基础上所展示的高超制作工艺。

（一）车饰类

马家塬墓葬中车辆的装饰，主要分布在车的舆厢、车轮、车辀及车毂等不同位置。车辆一般用黑漆整体髹饰，之上再用朱漆绘制图案，纹样洒脱、富于变化。线条纤细但挺劲有力，充满张力。着色层次分明，色彩对比强烈庄重。尤其以金银装饰的车辆显得富丽华贵；细节精微又整体统一，充分展现了当时游牧民族装饰艺术的最高成就。如图186~190所展示的各种类型的车饰纹样，主要有"S"形纹、三角锯齿纹及鸟喙纹，它们相互交织、错位、重复，成为变化丰富的新纹样。其中三角锯齿纹、鸟喙纹及棕榈树演化而成的纹样，来自于欧亚草原地带。

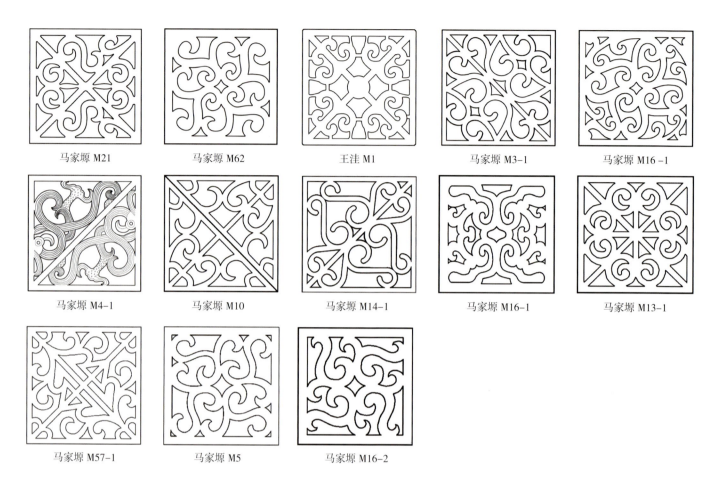

马家塬 M21　　马家塬 M62　　王洼 M1　　马家塬 M3-1　　马家塬 M16-1

马家塬 M4-1　　马家塬 M10　　马家塬 M14-1　　马家塬 M16-1　　马家塬 M13-1

马家塬 M57-1　　马家塬 M5　　马家塬 M16-2

图 186　舆厢侧板方形镂空花饰汇集展示

（1）舆厢侧板上的各种方形镂空花饰

方形镂空花饰多为金、银、铜材质（图 186），主要装饰在舆厢左右侧板的中央部位。一般在中央部位做并列三层排列，规格较高的车舆在外圈还配合有虎、大角羊的条形边饰，如马家塬 M3-1 号车、M4-1 号车和 M16-1 号车的舆厢装饰。主要用"S"形纹、三角锯齿纹及鸟喙纹等与方形结合，适形组合而成。

（2）车轮辐上的镂空花饰

车辐上的镂空花饰（图 187），呈环形组合装饰在车轮辐条上，一般长度约 25 厘米。材质主要有金箔、银箔或青铜。如马家塬 I 型车上，多用金箔、银箔錾刻而成，II 型车上则多用青铜铸成。镂空花饰的纹样，多见用"S"形纹、三角锯齿纹及鸟喙纹组合而成。

（3）车辀上的镂空花饰

车辀上的镂空花饰（图 188），是沿着车辀身顺势排列，做组合装饰。材质为金箔、银箔，剪或錾刻装钉在 I 型车辀上。如马家塬 I 型车 M16-1 号车和 M14-1 号车辀上的金箔、银箔，其纹样也是以"S"形纹、三角锯齿纹及棕榈纹组合而成。

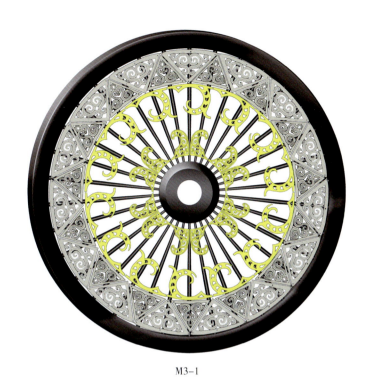

图 187　马家塬车轮镂空花饰汇集展示

M3-1

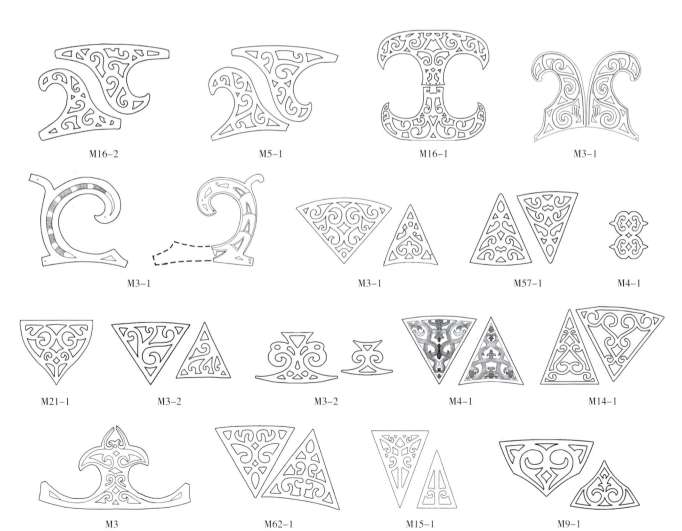

M16-2　　　　M5-1　　　　M16-1　　　　M3-1

M3-1　　　　M3-1　　　　M57-1　　　　M4-1

M21-1　　　M3-2　　　M3-2　　　M4-1　　　M14-1

M3　　　　M62-1　　　　M15-1　　　　M9-1

图 188 马家塬车辀上的镂空花饰汇集
展示
1. M16-1 号车 2. M14-1 号车 3. M14-1 号车

（4）车舆上的镂空动物纹样

镂空动物纹样，多见虎和大角羊（图 189）。材质为金箔、银箔，采用剪切的手法，按照轮廓剪出动物的外形，再用錾刻法，錾出动物身体结构及装饰纹路，使之呈现出有凹凸浅浮雕感的效果。然后，装钉在舆厢侧板上，一虎一羊相间隔，顺势横竖向排列，形成边框，与中部方形镂空的"S"形纹配合装饰而成。此均为马家塬 I 型车 M3-1 号车、M4-1 号车和 M16-1 号车舆厢侧板上的图案，是马家塬墓葬中戎人工艺制造的代表作。

另外，在 M16 木棺上，装钉有较小一点的银箔大角羊；在 M21-1 号车车轮上，装钉铜质大角羊。

（5）车毂上的纹饰

车毂为壶状圆形，车毂上的装饰物，都是附着在车毂的圆周上（图 190）。有两种装饰方法，第一种 I 型车材质为金箔、银箔，采用镂空装饰装钉在车毂上，环状顺势排列；纹样是以"S"形纹、三角锯齿纹为主，多为马家塬 I 型车。第二种装饰方法，采用黑漆朱绘的手法，直接绘制在车毂上，以鸟喙纹为主，多为马家塬 II 型车。

（二）制作方法

经抽样鉴定分析，车上的铜饰件中，皆为铜、锡、铅三元合金，而且表层经过镀锡处理。银饰件中多为银铜合金、银金合金，金饰件中为金银合金[1]的材质。这些饰件主要用手工制作，多用铸造法：主要是铜饰制品和金饰品；捶打法：均为金银饰品；錾刻法：均为金银饰品。

据考古发掘资料得知，我国目前发现最早的剪刀为西汉早期。从表面观察，饰品镂空边缘加工，有可能是使用剪刀铰出的，并有打磨的痕迹。

① 邵安定等：《张家川马家塬战国墓地出土
金属饰件的初步分析》，《文物》2010 年
第 10 期。

M16-1

图 189　马家塬棺上、车舆和车轮上的
　　　　镂空动物纹样汇集展示
（位置未注明者均为车舆上纹样；质地未注
明者为金箔或银箔）

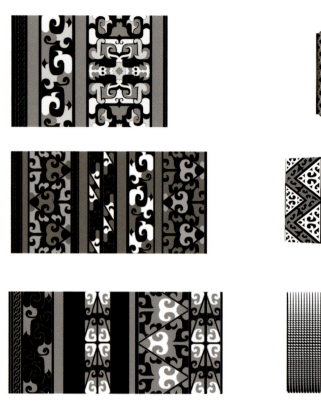

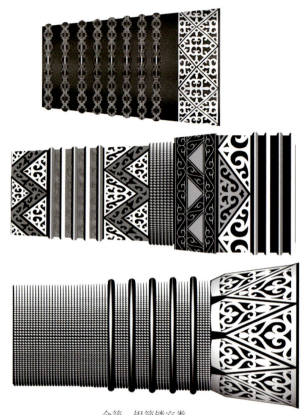

黑漆朱绘类　　　　　　　　　　　　金箔、银箔镂空类

图 190　马家塬车毂上的纹饰汇集展示

从錾出的线纹观察，錾子均为直口刃，刃口长 0.6~2.5 厘米。

另外，还有漆绘法，绘制部位均在舆厢和车毂的位置。绘制方法主要是采用单线勾画、平涂。颜色有黑漆、朱漆。用石绿、石青、白（疑为矿物色）填充图案。手法与战国同时代的漆器彩绘方法相同。

（三）马家塬陪葬车装饰纹样分析

综上所述，目前所发现车的装饰纹样主要有"S"形纹、鸟喙纹、动物纹、棕榈纹、"X"形纹、三角纹、勾形纹等。

（1）"S"形纹

图案中反映的内容，包含着一个族群或者民族精神层面的内涵。戎人对"S"形纹样情有独钟，此纹样来自于两河流域。这种以"S"形为母体的纹样，也许是基于两河流域人们对于蛇神的崇拜。他们认为蛇具有保护、公正及生命力、生殖力等深层内涵的寓意，这种观念融入了他们的思想及精神生活，形成了独有的审美取向，才使这种由蛇形演变为"S"形的母体纹样，成为戎人独特的纹样而广为流传，甚至直接将具体的蛇形象用在蜻蜓眼纹上（见后文图 197）。

在宁夏南部、甘肃东部地区，包括马家塬、秦安王洼、漳县墩坪等戎人墓葬的装饰纹样中，都有以"S"形为母体，然后任意组合、变换

图 191　漳县墩坪 M310 出土的骨质车饰

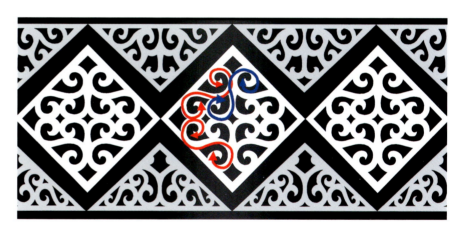

图 192　马家塬 M16 皮制厄上金银箔三角锯齿纹和 "S" 形纹的任意组合

后形成了多种衍生纹样做装饰。如漳县墩坪 M310 出土的骨质车饰上，"S" 形纹还是单一的表现形式（图 191）；而在马家塬出土的诸多纹样中，每个单元组纹样，都有多个 "S" 形，既作单独的随意变化，又和三角形、长条带形、方形纹饰相适形组合，在反复中不断变化，形成连续的纹饰结构，曲折回旋，错综复杂中又舒卷自如、生动流畅，形成律动的秩序美感（图 192）。

　　（2）鸟喙纹

　　这类纹样主要的特征为形如弯钩，似猛禽的巨喙，多见于甘宁地区的图案中。其组合构成是由一个或多个鸟喙，结合 "S" 形做身躯，运用勾云纹不规则组合或对称组合，形成鸟喙纹饰（图 193、194）。

　　（3）动物纹

　　这类纹样主要有虎、狼、大角羊等，表现其侧面的行走状态。材质为金箔、银箔，采用剪切的手法，按照轮廓镂空剪出动物的外形，再用

图 193　马家塬 M4 舆厢银箔鸟纹饰片

马家塬 M3 舆厢上的黑漆朱绘鸟纹

图 194　马家塬车辆及器物上的鸟喙纹

马家塬 M16 墓主金腰带上交缠的鸟纹

錾刻法，錾出动物身体结构及装饰纹路，使之呈现出有凹凸浅浮雕感的
效果。

（4）棕榈纹

这类纹样比较多，主要集中在金箔、银箔花饰和贴金银铁饰上，装
饰在车辀、车毂、车舆和车的衡轭上。对称的结构在三角形的框架内，
做一正一反的适形组合。与卷弧叶状纹相适应，正是因为它具有与波形
弧线相适应的特点，又形似"忍冬纹"的组合形式（图 195）。

马家塬墓地所在区域与秦国政治中心较为接近，出土了大量中原诸
国文化因素的随葬品，如秦国的铜鼎、铜壶、铜茧形壶、铜瓢、铜戈和

M14-1 号车

图 195　马家塬棕榈纹演变的其中两种
　　　　纹样

M16-1 号车

灰陶罐等。这些应是通过馈赠或者交换方式所得之物，非自身物质文化所有。马家塬戎人对秦人的东西只是采用"拿来主义"，为我所用。在甘宁地区出土物中，并没有发现哪件器物既有戎人又有秦人的器形及纹饰的"融合体"出现。由此来看仅仅只是拿来使用，并不代表民族之间的融合。所以，戎人的车舆形制及装饰风格，也均找不到秦人的影子。有学者认为马家塬墓地受秦、楚文化的影响[②]，我持怀疑态度。一个民族的主体装饰纹样及生活习惯，是取决于他们对本民族传统文化的共同认知。在与其他民族的交流中，仍会固守自己的传统观念。

　　青铜时代晚期至早期铁器时代，欧亚草原地带的西部到东部，与中国长城地带的各个游牧民族，在文化上具有惊人的相似性，在艺术的表达方式上都是这样。生活在甘肃东部的这几支西戎游牧民族与秦人相邻，甚至交错居住。但是他们的装饰艺术形式上，欧亚草原文化元素占绝对多数。戎人诸多装饰纹样，反映出西戎游牧民族的奔放、坚毅的性格。狩猎、与猛兽搏斗被视为崇拜的英雄，也是审美观念的驱动力。所以，戎人偏好使用以咬噬搏斗为主题的斯基泰风格艺术品，来做车辆装饰、腰带装饰。这些装饰纹样，虽然集结了多种中西文化因素众多的装饰纹样，也包括纹样的表现形式和手法，但是却又有别于东来的秦文化。这不仅反映在装饰纹样上，还反映在材料的运用上。如秦人墓中常见的玉质材料，在戎人墓中均不见出现；戎人墓中多见有肉红石髓珠、玻璃态管珠、球形珠、水晶环、玻璃质蜻蜓眼材料。我们研究戎人的入葬尊祖思想的同时，也看出戎人还是固守着本民族的审美观念。

② 郭物：《马家塬墓地所见秦霸西戎的文化
　　表象及其内因》，《四川文物》2019 年第
　　4 期。

拾　从甘肃战国戎人墓管窥中西文化交流

　　欧亚大陆草原地域广阔，民族关系错综复杂，迁徙和征战时有发生。考古工作在这些地区也取得了很大进展，在整个欧亚大陆草原地带，及中国新疆、甘肃、宁夏、内蒙古的长城地带，广泛流行风格相近的动物纹样。欧亚草原地带游牧文化的考古发现与研究，18世纪以来，在世界学术界中特别活跃。新疆、内蒙古和甘肃、宁夏等地区，又有了一系列重要考古发现，中国的欧亚草原考古研究随之也兴盛起来，并取得了令世人瞩目的成果。

　　近些年来，中外学术界广泛关注早期中西文化交流这一课题，提出了东亚与中亚远距离互动的可能性，且具有说服力的证据，扩展了古代中国研究的世界视野。

　　马家塬战国墓地现已出土的随葬品，有大量的精美青铜器和金银随葬佩饰，具体有青铜瓿、青铜壶、青铜敦、青铜茧形壶、蛇纹袋形铲足铜鬲和陶鬲、陶罐、金臂钏、金腰带、金带钩、金璜形项饰、银璜形项饰、金耳环、银杯、釉陶杯、蛇纹蜻蜓眼饰及其他纹饰的蜻蜓眼饰，还有大量玻璃态管形珠、鼓形珠、肉红石髓珠、金帽饰和贝串饰等。马家塬墓地出土独辀车40余辆，车辆整体髹黑漆朱绘，有金银饰件、镀锡铜饰件以及料珠等装饰物，出土文物规格较高。这些随葬品工艺精湛，数量大、种类繁多、用料精良，具有极高的历史文物价值及艺术价值。这些文物是多种文化元素在该墓地的集中体现，为我们从多角度去了解、认识、研究战国时期秦人与周边少数民族、中西文化相互间的交流与渗透，以及当时秦人在这一地区的崛起和统治有着极其重要的意义。为研究战国中晚期戎人的丧葬制度、秦戎关系，与北方草原文化交流等，提供了不可多得的实物资料。

　　以下阐述受欧亚草原和周秦文化影响的遗存。

1. 海贝

　　海贝是属于与外界在物资、商贸交流时的产物。在我国以往的考古发掘中，夏商遗址中出土过大量天然贝，贝作为实物货币一直沿用到了春秋时期。中国汉字与财富、价值有关的字多有"贝"字。但是，一般认为，作为游牧民族来说，更多是以牲畜、兽皮类等来实现货币的职能，而农业民族多以五谷、布帛、农具、陶器、海贝、珠玉等充当最早的实物货币。

　　殷商后及西周时期墓葬中，贝与其他装饰品无清楚界限可分，殉人、狗及马络饰等都用到贝，且数以十、百计。春秋战国时期的"货贝"背部几乎磨平，称为"磨背式货贝"。马家塬 M9、M14、M16、M57 中都有不同数量的贝串出现，特别是 M16、M57 有大量的贝串出现，M16 贝串联放置在木棺盖板上，M57 贝串联放置在棺内墓主两侧。长度均为 2 厘米左右，且背部磨平。磨平的海贝，除了张家川马家塬外，还有秦安王洼和杨寺村崖背里、漳县墩坪、宁夏杨朗戎人墓中，都有数量不等的"磨背式货贝"。这些"磨背式货贝"不应该是装饰品，一是因为出土位置不在墓主的身体佩饰范围内；二是磨去了背部的海贝，已经失去了原本海贝的美观。所以说"磨背式货贝"的随葬，只能是代表财富。可能戎人间，或者与周人和秦人，在使用"磨背式货贝"进行交易。

2. 蜻蜓眼珠饰

马家塬战国墓 M6、M4、M18、M57 中，出土有大小不一的玻璃珠式蜻蜓眼，大多数的蜻蜓眼直径约 1.2 厘米，中间有孔，在淡蓝色基底上有蓝白两色的同心圆图案。另一种蜻蜓眼直径约 2.5 厘米，中间有孔，珠上面饰有 8 只眼睛和两条蛇，蛇头和蛇尾呈"S"形，分别盘附在眼珠上，三角形蛇头及眼睛清晰看见；并在土黄色基底上用微鼓的白色线条表现蛇躯，蛇躯正中用一条棕色线表现蛇脊，在线的左右有连续的棕色点。这是通过一种特殊的工艺，把几种不同色彩的玻璃嵌在一颗单色玻璃珠上制成的（图 196、197）。

图 196 蜻蜓眼珠

（上图为马家塬 M6 出土，下图为新疆于田克里雅流域圆沙古城出土）

蛇尾　　　　蛇头

图 197　马家塬 M57 蛇纹蜻蜓眼珠

据考证，我国现存时代最早的蜻蜓眼珠饰发现于新疆，约为西周中期至春秋中期。现已知战国中期以前玻璃珠为钠钙玻璃。其化学成分与地中海一带的玻璃制品同属钠钙玻璃材质，而且形制与花纹同域外蜻蜓眼式玻璃珠极其相似。学术界基本上认同源自域外。马家塬出土的这批蜻蜓眼珠饰，经初步检测，为地中海式蜻蜓眼玻璃珠[1]，生产工艺应该源自域外。但由于相关检测工作仍然正在进行中，其产地还有待今后的深入研究。

3. 龙首对吻环

马家塬 M3 和 M14 出土的连身对吻龙（蛇）首银环，类似纹样早在公元前 2600 年左右的伊朗就出现了，而且在设计上几乎完全一致（图 198）。卢浮宫所见的藏品中，美索不达米亚、伊朗、亚述国等地区（包括后苏美尔时期）地中海文明中的部分龙蛇类双首一身。如古代伊朗双龙纹罐，两龙相交盘结缠绕；侈口、收腹双蛇纹罐，头部更像龙；还有亚述时期的双首一身的龙头环。马家塬 M14 出土的双龙连身、交咬龙尾盘绕的带钩，M3 和 M14 出土的四龙首环身对吻，这些设计元素，有可能源自于欧亚草原地带。

4. 虎噬羊牌饰

猛兽袭咬食草动物纹样是欧亚草原地带游牧民族最为流行的题材之一，很有可能来源于斯基泰和巴泽雷克文化。其纹样有两种，一种是写实的猛兽袭咬食草动物牌饰；另一种则是虚幻神兽咬食动物牌饰，就是兽角或尾端分别有一个或者多个禽首钩喙的"格里芬"头。它的母体元素来自于欧亚草原地带，即传说中守卫黄金的狮身鹰头兽——"格里芬"的头。斯基泰艺术风格不但影响了整个中国北方及西北地区长城地带的游牧人，甚至还影响到了秦人，而且深入到了中原。马家塬 M14 金腰带饰上的虎噬羊形象，头颈部鬣毛简化为一个"格里芬"头，尾上翻至后背，

[1] 林怡娴：《张家川马家塬战国墓地出土玻璃与相关材料研究》，《文物》2018 年第 3 期。

图 198 龙蛇形象

1. 龙首对吻环（马家塬 M3） 2. 龙首对吻环（马家塬 M14） 3. 龙缠绕带钩（马家塬 M14） 4. 双龙纹罐（卢浮宫藏品，公元前 2600~ 前 2200 年） 5. 束腹双蛇纹罐（卢浮宫藏品，公元前 2600~ 前 2200 年）

② （墨）威廉·布林·默里编、王永军、张博城等译：《岩画与神圣景观》，黄河出版传媒集团、宁夏人民出版社，2017 年。

③ 林沄：《欧亚草原有角神兽牌饰研究》，《西域研究》2009 年第 3 期。

尾端又有一个"格里芬"头（图 199）。在 M3 车舆侧板上也绘有鸟首钩喙（图 200）。这些"格里芬"纹组合元素与甘肃清水县刘坪村发现的金牌饰、宁夏西吉县新营乡陈阳川村出土的虎噬羊牌饰、宁夏贺兰山岩画中的鹿石②（图 201），还有甘肃河西走廊中段的张掖龙渠乡出土的麋鹿铜牌饰（图 202），鹿角延伸至后背角端有四个简化钩喙，都有极其相似之处，而且更像境外出土的卧鹿形象。从牌饰共有的形象分析，具有林沄先生认为的虚幻有角多禽首钩喙的动物形象的特征③。

5. 鸟兽合体神兽

马家塬 M14 出土一件鸟兽合体神兽，长 6、高约 3.5、厚 2 厘米。

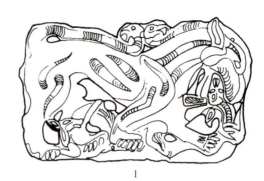

1

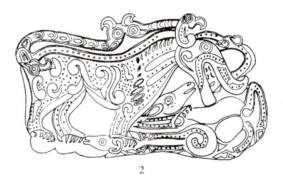

2

图 199 虎噬羊牌饰上的"格里芬"头
1. 马家塬 M14 出土的金腰带饰
2. 宁夏西吉县新营乡陈阳川村出土铜牌饰

图 200 马家塬 M3-4 号车舆厢侧板上
　　　　绘有鸟首钩喙

图 201 宁夏贺兰山岩画中的鹿石
　　　　（摘自《岩画与神圣景观》图
　　　　6-5）

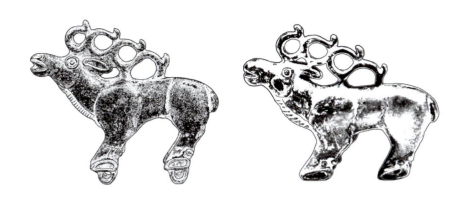

图 202　张掖龙渠乡出土的麋鹿铜牌饰

图 203　马家塬 M14 出土的铜鸟兽合体神兽

头部为钩形喙，身体有下垂的长毛，长毛大尾巴上翻在背部，完全是牦牛的形体特征，但四条腿下却为人足（图 203）。神兽形象在以往内地的考古图像资料中，均无发现。在戎人墓中出土的各种形式的动物形象中，频繁出现禽首钩喙的"格里芬"头现象，所以，我认为马家塬的这件神兽头部巨大的鸟喙特征，应是与"格里芬"头有直接的联系。这使我们推想甘肃东部、宁夏南部地区的戎人，他们应拥有共同的文化体系，所以才会选择相同的内容和表现手法。这也是源自欧亚草原游牧民族传统文化的共同特征④。

6. 有柄铜镜

马家塬墓地目前共出土两面有柄铜镜，M14 铜镜直径约 6~7 厘米，柄为孔形，约 1.2 厘米。M15 铜镜直径约 6~7 厘米，柄为拱桥形（图204），约 1.2 厘米，镜面虽有锈斑侵蚀，但打磨光滑；背面有凸出线条的装饰，边缘处是圆形线，中间为似"米"字形纹。这种有柄形制的铜镜，是欧亚大陆早期游牧民族最具代表性的器类之一。包括新疆在内的北方及长城地带中段早期游牧民族文化遗存中，就出土不少这类铜镜。柄部

④ 有人认为 M14 出土的鸟兽合体神兽是安装在车衡上，这是错误的。因为并没有证据证明，小兽上有扣或者环的连接痕迹。只是出土时恰好在车衡左端位置发现的。

正面　　　　　　　　反面

图 204　马家塬 M15 有柄铜镜

多见鸟头、兽头或动物纹样的装饰（图 205），年代约为公元前 5~ 前 4
世纪，这无疑是受到境外的影响（图 206）。

7. 立体圆雕形动物

在马家塬 M62-1 号车舆厢侧板边上出土的铜质动物（图 207），下
端有条状銎孔底座。通长 7.8、高 6.3 厘米，条形銎孔底长 4.1、内宽 1.9
厘米。虽然这个动物没有安装在舆厢上，但在马家塬 M57-1 号车舆厢上，
有两个站骑在左右两侧板前端的锡质动物，可以清晰辨认位置，所以，
可以证明在 M62-1 号车舆厢侧板边上出土的铜质动物，也都是安装在舆
厢侧板前端站骑的动物。在欧亚草原地带及我国北方早期铁器时代出土
的动物形竿头饰（图 208），据乌恩先生推测是马车上的装饰附件，应
该是准确的⑤。其源头也应属境外早期青铜文化。

8. 鹤嘴斧、空首斧

在马家塬 M13 墓主的胸前放置有鹤嘴斧（图 209）；而在墓主肩
部放置有空首斧，斧有长方形銎，为直口刃。"鹤嘴斧在欧亚草原的东
部地区有广泛分布，而且出土数量比中国北方要多得多。长城地带出土
的鹤嘴斧尽管数量有限，但其形制与境外出土的鹤嘴斧完全相同（图
210、211）。它们之间存在着渊源关系是毋庸置疑的。……这种战斧（即
鹤嘴斧）兵器，经阿富汗、新疆、蒙古，传入北中国。"⑥"商文化的
铜斧接受了来自齐家文化和四坝文化铜斧的影响，而究其源头无疑与境
外前亚（即西亚）地区青铜文化有密切关系。至于长城地带中段铜斧出
现的年代要晚于早商文化，显然是接受了中原地区商文化的影响。"⑦

从空首斧、鹤嘴斧形制分析，多分布在长城地带中段，蒙古东部和
外贝加尔地区有较多发现，应该也是通过草原长城地带传入的。从马家

⑤ 乌恩岳斯图：《北方草原考古学文化比较
研究——青铜时代至早期匈奴时期》，科
学出版社，2008 年，第 193 页。

⑥ 乌恩岳斯图：《北方草原考古学文化比较
研究——青铜时代至早期匈奴时期》，科
学出版社，2008 年，第 156 页。

⑦ 乌恩岳斯图：《北方草原考古学文化比较
研究——青铜时代至早期匈奴时期》，科
学出版社，2008 年，第 82 页。

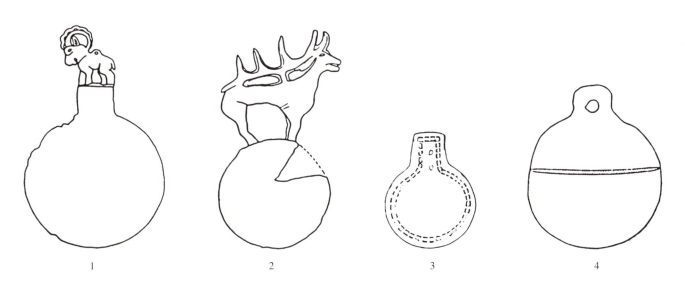

图 205　有柄铜镜

1.新疆特克斯县叶什克列墓地　　2.内蒙古乌拉特中后联合旗呼鲁斯太墓葬　　3.宁夏彭阳县米塬村　　4.内蒙古凉城县崞县窑子 M22

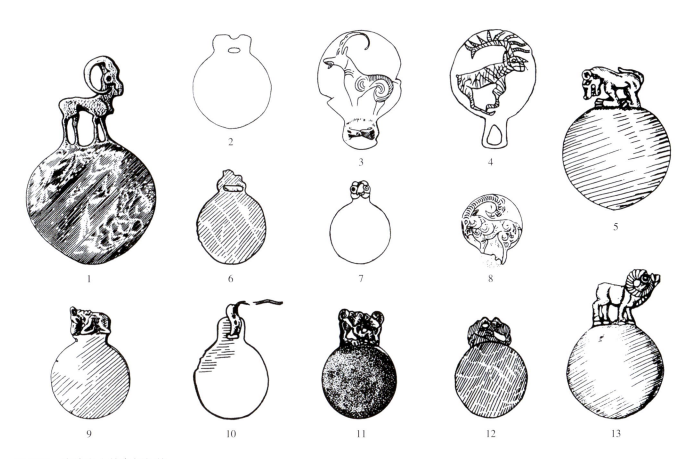

图 206　境外出土的有柄铜镜

1.米努辛斯克盆地伊兹赫山　　2.外贝加尔奥罗维扬纳雅 M3　　3、8、9.图瓦艾梅尔雷克墓地　　4、7.蒙古乌兰固木墓地　　5、13.图瓦苏格鲁格—赫姆墓地　　6、10.阿尔泰乌兰德雷克墓地　　11.图瓦萨格列—巴兹墓地　　12.阿尔泰马勒塔卢

图 207　马家塬 M62 出土的铜质动物

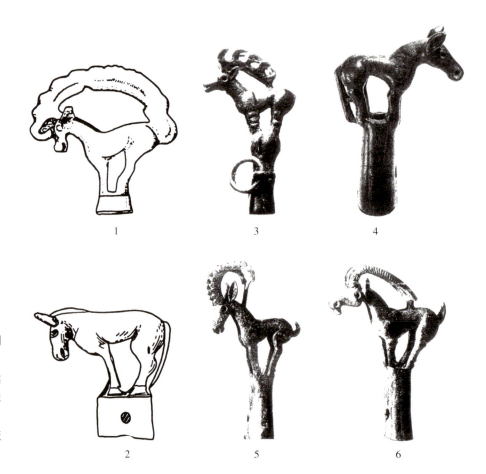

图 208　北方早期铁器时代动物形青铜
　　　　竿头饰
1. 准格尔旗西沟畔　2. 准格尔旗玉隆太墓
地　3.《卢芹斋收藏的中国—西伯利亚艺术
品》图版 V 之 3　4.《欧亚草原东部青铜器》
图 92　5、6.《鄂尔多斯青铜器选集》图版
Ⅹ～Ⅻ

图 209　马家塬 M13 出土鹤嘴斧

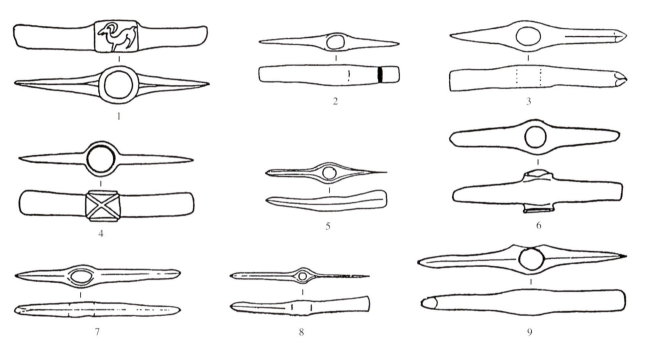

图 210　北方早期铁器时代青铜鹤嘴斧

1. 镇原县庙渠　2. 彭阳县郑庄　3. 伊金霍洛旗公苏壕 M1　4. 固原县马庄Ⅰ M14　5. 彭阳县古城村　6. 固原县马庄Ⅰ M2　7. 彭阳县苋麻村　8. 固原县上台村　9. 固原县于家庄 M19

塬 M13 墓主身边随葬的"空首斧"来看，并非早期游牧人专用工具，农耕民族也在广泛使用。乌恩先生认为"空首斧"的源头来自欧亚大陆草原西部的安德罗诺沃等青铜文化。

9. 棕榈纹

在马家塬出土的马车饰上，有许多以棕榈纹为原型的植物纹样（图 212~214），也有学者称莨苕（*acanthus*）纹。主要集中在金箔、银箔花饰和贴金银的铁饰上，装饰在车辀、车毂、舆厢和衡轭的位置，均为连续性纹样。其所含元素均来自于古埃及和两河流域文明，应该也是通过欧亚草原地带传入。

在古希腊的建筑和陶器装饰上，也有很多棕榈叶纹（图 215、

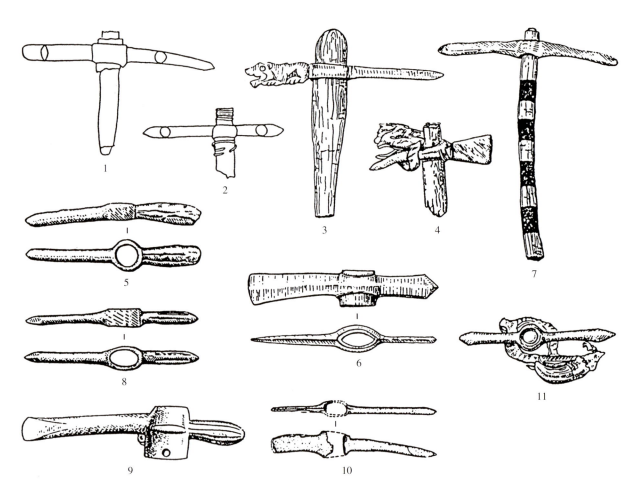

图 211　境外出土青铜鹤嘴斧

1、2.蒙古乌兰固木墓地　3、7.阿尔泰乌兰德雷克墓地　4、11.科兹勒—达尔I墓地　5、8.图瓦艾梅尔雷克墓地　6.图瓦波士—达格墓地　9.塔加尔文化（伊乌基纳）　10.阿尔泰式特克斯肯Ⅵ 48 号冢

216），这种纹样的东传是在希腊化时期的后期至罗马帝国时期，伴随着帝国的扩张而传播到恒河和印度河流域，对印度早期的佛教艺术及装饰影响很大。此纹样从印度传至中国后，被称之为忍冬纹，忍冬纹成为我国各地北朝石窟寺主要流行的装饰纹样。经过对佛教装饰忍冬纹的源流进行考察后发现，印度佛教装饰中所使用的这种主题，也是由希腊传入的。古希腊的建筑和陶器等装饰中，就有使用这种组合的掌状叶纹。学界都说忍冬纹是由掌状棕榈叶纹演化而来，主要是根据形式发展的逻辑进行推理而得出的结论；并将其形象走势与涡卷的弧形相适应的话，就会出现所谓的"忍冬纹"，也正是因为它具有与波形弧线相适应的特点，才使得这种样式被古希腊乃至欧洲整个中世纪广泛地使用。它之所以受到西方人的喜爱，主要原因是它具有合乎形式美的曲线和富有节奏感的排列。因此这种纹样成为西方古典传统中的主要样式之一而盛行于欧洲，它与莨苕叶饰、掌状叶饰一起贯穿于整个中世纪的装饰艺术之中。

图 212　马家塬 M3 贴金银铁衡饰

图 213　马家塬 M14 车𫐉银箔饰

图 214　马家塬 M16 贴金银铁车踵饰

图 215　古希腊陶器上的棕榈纹饰（公元前 4 世纪，大都会博物馆藏）

图 216　古希腊建筑上的棕榈纹（公元前 350~ 前 325 年，大都会博物馆藏）

10. 独辀马车

马家塬所有的墓葬中，马车车辆有序地排列叠压。整车以木质材料为骨架，整体髹黑漆朱绘。M3 舆厢侧板髹漆纹样中有几何纹、龙纹、鸟首钩喙、云气纹、卷云纹、三角纹、"X" 形纹等，并有少量石绿、石青色填充图案。车轮轮辐饰有镂空铜饰，舆厢侧面用镂空虎逐羊纹做排列装饰。喜好用金、银、嵌金银铁和料珠装饰马车。大轮、多辐、长毂的特征，都是草原地带游牧民族的元素特征。从马家塬、秦安王洼、漳县墩坪出土的辀架结构和舆厢形制分析，应该不是受秦人的"殷周制式"影响，而应该是源自于域外因素的影响。"戎人制式"的马车形制，经过了中国北方长城地带，宁夏、甘肃东部地区的交流，已经有了少量的吸收和改造。车辆种类、埋葬排列、墓葬台阶数量等，有着周秦礼仪制度的成分。据此分析，"戎人制式"独辀马车的设计，多来自于北方草原地带，只有少量的周秦文化因素。

有车马，就会有商贸来往，车马也同样是贸易的对象。马家塬所出土的独辀马车本身，不仅仅是交通工具，更重要的是中西商贸中文化、科学技术交流的产物。不仅是物质的交流，因为车辆的设计取决于观念、技术和认知等多方面的交流。

在两河流域、中欧及东欧，发现了公元前 4000 年目前所知世界上最早的车。"我们可以找到车自西向东传播的证据，但是找不到证明车自东向西传播的证据。"[8]

马家塬古车马的设计元素，以及周边清水县刘坪[9]、庄浪县赵墩石嘴村[10]、秦安县王洼战国时期戎人墓[11]，还有漳县墩坪战国戎人墓地[12]所出土的马车青铜车饰件分析，的确有宁夏和蒙古地区马车所影响的痕迹。从这一点分析，再结合考察史前时代车子在世界范围的流传过程，中国的马车来自西邻的中亚，也是通过这条"草原之路"传入我国，当然，这并不是简单地引进马车，而是对它进行了不断的加工改造，并且还有许多技术上的革新。在中亚及西北长城地带，也存在着双轮车通过贸易传播的事实。

11. 岩画中的车辆图像思考

欧亚草原地带也是岩画主要的分布地带。尤其是车辆岩画图像，是分布在欧亚大陆北部，这条中西文化交流的通道沿线上。从中亚到蒙古高原，如亚美尼亚、哈萨克斯坦、塔吉克斯坦、吉尔吉斯斯坦、蒙古、中国等地[13]（图 217），都有车辆岩画图像出现。

在中国北方岩画分布区域，有新疆的阿尔泰山、巴里坤、吉木乃县沙吾尔卡尔麦斯干（图 218、219），内蒙古的阴山（图 220）、乌兰察布[14]（图 221），宁夏的贺兰山[15]（图 222），青海的卢山、野牛沟（图 221），还有甘肃的马鬃山（图 221），河西走廊的黑山，都有车辆岩画的发现。恰恰就是这些地区，邵学海在《先秦艺术史》中说道："已知中国岩画分布，主要在陆疆与海疆或比较偏远的地区。按照先秦夷夏之别的观念，这些地区均属化外，即蛮夷戎狄的居所。"[16]在草原、丘陵的岩石、断壁上的车辆岩画，就是生活在草原丘陵地带的游牧民族的作品，也是他们游牧生活的具体反映。

[8] 龚缨晏：《车子的演进与传播——兼论中国古代马车的起源问题》，《浙江大学学报》（人文社会科学版）第 33 卷第 3 期，2003 年。

[9] 李晓青、南宝生：《甘肃清水县刘坪近年发现的北方系青铜器及金饰片》，《文物》2003 年第 7 期。

[10] 李晓斌：《甘肃庄浪县出土北方系青铜器》，《考古》2005 年第 5 期。

[11] 甘肃省文物考古研究所：《甘肃秦安王洼战国墓地 2009 年发掘简报》，《文物》2012 年第 8 期。

[12] 甘肃省文物考古研究所：《甘肃漳县墩坪墓地 2014 年发掘简报》，《考古》2017 年第 8 期。

[13] 盖山林：《中国的岩画》，广东旅游出版社，1996 年，第 18 页。

[14] 汤惠生、张文华：《青海岩画》，科学出版社，2001 年。

[15] 宁夏岩画研究中心：《岩画研究 2017》，宁夏人民出版社，2017 年，第 71 页。

[16] 邵学海：《先秦艺术史》，山东画报出版社，2004 年，第 48 页。

以上中外车辆岩画图像，从轮与舆厢比例分析，都是轮大于舆厢，甚至舆厢在图像中被忽略。其形制与马家塬Ⅳ型车相似。这也就证明Ⅳ型车在欧亚及中亚草原地带及中国甘、宁地区，是普遍存在和使用率很高的两轮独辀车。

车辆的发明，在人类历史上具有划时代的意义。虽然这些岩画中的车辆图像，还无法证实属于战国时期戎人游牧民族的作品，但作为研究车辆发展史，以及中西文化交流的证据，是不可忽视的。

"就目前考古资料看，在西亚中东的两河流域，中东欧地区较早出现车辆。幼发拉底河下游地区的乌鲁克文化（公元前3500年～公元前

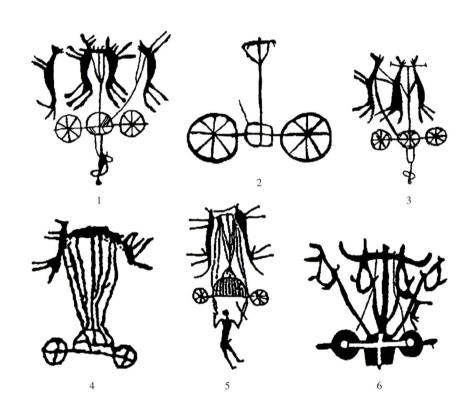

图217 蒙古和中亚岩画中的马车图像
1~3.蒙古 4、6.哈萨克斯坦 5.塔吉克斯坦

图218 新疆巴里坤李家湾子岩画中的
车辆图像

图 219　新疆吉木乃县沙吾尔卡尔麦斯干
　　　　岩画中的车辆图像

图 220　内蒙古阴山岩画中的独辀双轮
　　　　马车图像

3100 年）发现了带有'车'的象形文字，在这一地区还发现了公元前 3000 年左右的描绘在彩陶上的双轮车图形。而经科学发掘的最早的车的实物遗存，也出现在幼发拉底河的下游地区。"[17]由此推想，中国北方草原甘肃、宁夏、青海、新疆、内蒙古地区的车辆岩画，以及近些年考古新发现春秋战国时期的车马陪葬坑遗迹，最早应是受欧亚草原地带造车技术的影响。

　　欧亚草原地带及我国北方、蒙古高原和南西伯利亚诸多青铜和铁器时代遗址的发现，也包括甘肃、宁夏地区，出土了诸多马具、兵器、野兽纹（斯基泰三要素）等文物。从数量、路线上可推定，商周时期，生活在甘肃、宁夏的戎人，不能直接说来自于西方，但是可以确定他们是西传的。在新疆、甘肃河西走廊地带，甚至青海，也都可寻找到相似文化的迁徙和传播痕迹。

　　这些岩画车辆的图像，虽然断代困难。从绝对年代上说，也无法展

⑰ 宁夏岩画研究中心：《岩画研究 2017》，宁夏人民出版社，2017 年，第 75 页。

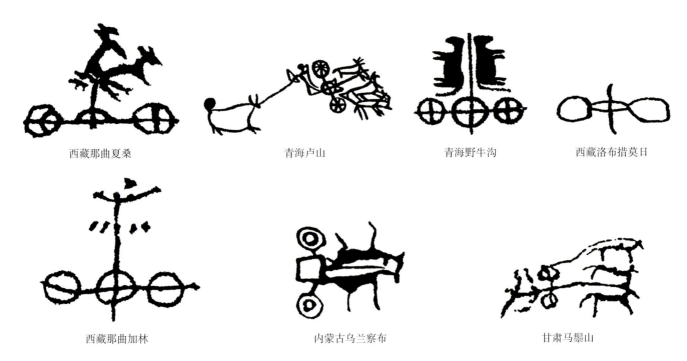

西藏那曲夏桑　　　　　青海卢山　　　　　青海野牛沟　　　　西藏洛布措莫日

西藏那曲加林　　　　　　内蒙古乌兰察布　　　　　　甘肃马鬃山

图 221　岩画中的车辆图像

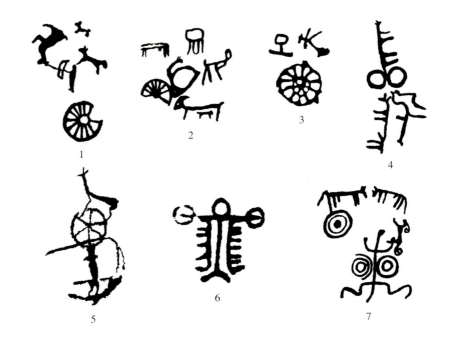

图 222　宁夏贺兰山岩画中的车辆图像
1. 石嘴山大树林沟岩画　2. 青铜峡口子门沟
岩画　3. 青铜峡四眼井岩画　4. 中宁石马湾
岩画　5. 中卫市镇罗镇北岩画　6. 中卫大麦
地岩画　7. 青铜峡芦沟湖岩画（图片来自于
《岩画研究 2017》，宁夏人民出版社，2017 年，
第 73、74 页）

开系统研究，但是还能作为佐证，寻找到造车起源、传播和迁徙路线，
为我们提供不亚于已知的考古证据和文献证据。

12. 多种形制的金银佩饰品

最早的黄金制品出现于公元前 5000 年的古埃及，最早的银器则出
现在公元前 4000 年左右的美索不达米亚。随后，希腊、罗马、波斯、
萨珊王朝等都开始了对金银器的广泛使用。黄金制品主要是贵族日用的

奢侈品，象征地位和财富，是中亚草原民族喜爱的随身佩戴饰品，因而草原之路又享有"黄金之路"的美称。

自汉代开通丝绸之路之前，北方欧亚草原地带就已经有了这条草原通道，这是联系东西方游牧民族的草原之路。它是中国中原地区与欧亚古代文明的文化交流、民族迁徙、征伐的大通道。这条开辟最早、维系时间最长的通道，要远远早于张骞出使西域开拓的绿洲通道——丝绸之路。

马家塬诸多出土的金银制品陪葬的墓有 M1、M3、M4、M5、M6、M13、M14、M15、M16、M18、M19、M21、M50、M57 等。占所有墓葬的 80% 以上。马车用金银装饰的主要是 I 型车。用在墓主身上的金银饰品有耳环、臂钏、项圈、腰带、银鞋底等。西部戎人不仅掌握着车马制造技术、青铜冶炼、铁锻造技术，而且还在金银提炼、锤鍱、镀锡、包金、嵌金银技术方面，远高于周秦及中原地区。从戎人墓随葬器物中就已经证明了这一点，它与斯基泰文化有着密切的联系，应该源自这条"草原之路"。

从马车西来说的角度来看，推测出包括马车在内的北方草原文化特征的金属制品传入中国的路线。国内外也有不少学者认为上古时代欧亚两洲之间的陆上通道有两条：一条是从西亚经过北高加索进入草原地带，由乌拉尔山脉以南进入西西伯利亚草原，再由阿尔泰山脉以北进入外贝加尔地区，然后南下，经蒙古草原至长城一带，最后进入华北平原。另一条是由两河流域经伊朗、阿富汗、天山山脉南麓进入新疆，甘肃，青海或内蒙古中西部经晋北陕北传入中原地区。北纬 40°～50° 的中纬度地区的欧亚大陆，黑海之北的东欧平原，向东过伏尔加河、中亚细亚至蒙古高原，这就是狭长而且广阔的欧亚草原地带。除了局部有丘陵外，地势比较平坦，生态环境较一致。中国北方草原地区正好位于欧亚草原地带上，其生态环境与欧亚草原的其他地区基本相同。这条天然的草原通道，向西可以连接中亚和东欧，向东南可以通往中国的中原地区。中国北方草原地区在中国乃至世界古代东西方交通要道上都具有重要作用。

据考古资料证明，礼县秦公墓是目前我国春秋墓中出土金器最多的，发迹于西汉水上游的秦人，在使用黄金的规模上远大于中原其他诸侯。有学者认为，秦人的黄金来源在秦岭西部的黄金矿。众多的黄金源应该是来自于欧亚草原地带，包括世界上著名的阿尔泰山黄金产区。秦人地处西陲，与喜好黄金饰品的西戎诸族长期交错居住，通过贸易和民族间的融合，也从习俗上都有着相似的偏好。中亚草原的部族首领或贵族有黄金装饰人身、兵器、马具以象征地位和权势的习俗。"……炸珠、掐丝等工艺都属于埃及、地中海、古代苏美尔—巴比伦和波斯等地的早期传统装饰风格与工艺，……而这类工艺约在公元前 5 世纪末～前 4 世纪的欧亚草原斯基泰文化中被广泛使用。"[18] 马家塬战国戎人墓地所出土的多种形制金银佩饰品的制作工艺技术，如镶嵌、炸珠、掐丝、锤鍱等工艺，与欧亚草原地带的金器工艺有着密不可分的关系。欧亚草原经过了青铜时代晚期和铁器时代早期，各个区域的游牧民族得到了充分的发展和交流，形成了以兵器、马具、动物纹样等为主体特征的草原文化。这些骑马的游牧民族活跃于新疆、宁夏、甘肃及陕西地区这条通往中原地区的重要通道上。既有与游牧民族间的战争，也有游牧民族与农耕民族间的征讨，更多的还有相互之间文明的交流，使得东西方文明通过这条草原地带得以传播。

综上所述，马家塬战国晚期戎人墓所包含的西戎文化和秦楚文化等因素，无论是战争还是和亲，甚至是羁縻，与秦人都过从甚密。但从墓葬形制、殉牲习惯、祭祀方式、墓主佩饰、车辆工艺装饰等因素分析，可以看出戎人仍然保留着欧亚草原地带游牧民族的文化习俗，以及以斯基泰野兽纹为母体装饰的故有特质。

[18] 王辉：《张家川马家塬墓地相关问题初探》，《文物》2009 年第 10 期。

拾壹　族属的探讨

马家塬墓地是战国晚期西戎贵族的墓地。据史料记载，秦人西迁后杂处于戎狄之间，正是清水、张家川一带。

在《说文解字》说："戎，兵也"，兵即武器；应劭《风俗通义》说："戎者，凶也。"周人大概由"兵""凶"之意引而称呼为戎，是周人开始确定"戎"作为族称。在灭商以前，主要用来称呼周原附近与周为敌的各部落族群，其劲敌集中于周原以西陇山地区，故称为"西戎"。《甘肃省志》第七十卷《民族志》认为："西戎或戎这一称谓，在战国以后许多著述中，被逐渐当成西部各族的泛称，……但在战国以前，西戎或戎确实是一个单独存在过的古代民族。"后来逐渐成为西北游牧民族共同体，泛称西戎。

甘肃自商周以前为羌戎之地，而陇山东西两侧均是诸戎集中活动的区域。他们是生活在山林草原地带的游牧及牧猎部族。秦人从东迁至陇，就长期与周边羌戎等游牧民族在斗争和融合中发展。在《史记·秦本纪》等文献也有秦穆公"开地千里，遂霸西戎"的记载。历史上，早期秦人曾与西戎各部族发生过许多纠葛，《秦本纪》记："中鞠在西戎，保西垂""申骆重婚，西戎皆服""不废申侯之女子为骆适者，以和西戎""西戎反王室，灭犬丘大骆之族。周宣王乃召庄公昆弟五人，与兵七千人，使伐西戎，破之"等等。据《史记·高祖本纪·集解》引应劭曰："秦襄公自以局西戎"的记载，推测与秦为邻，有些地域交错而居，发生矛盾冲突自然难免。

西周时有昆戎，春秋时有骊戎、邽戎、冀戎、扬拒、泉皋、伊洛之戎、陆浑之戎、蛮氏、茅戎、阴戎、九州之戎，春秋末及战国时期又有了绵诸、绲戎、义渠、大荔、乌氏、朐衍、羌等[①]。

邽戎和绵诸戎，是距秦发源地最近的两个戎部族，邽戎，在今天的天水北道区。天水放马滩秦墓出土的古木板地图，是战国末年的作品，地图中邽地称"邽丘"[②]，这应该就是邽戎所在地。东周时期，与西戎抗衡和关系密切的主要是秦国。春秋末及战国时期，比较强大的西戎一支绵诸戎，即兴起于今甘肃天水地区。

关于绵诸戎的族源，徐日辉先生在《古代西北民族"绵诸"考》中提到："依据目前有限的资料来看，我们认为是西方东迁入陇之族。《山海经·海内东经》云：国在流沙外者，大夏、竖沙、居砾、月支之

<hr>

① 翁独健主编：《中国民族关系史纲要》，中国社会科学出版社，2001年、第70页。

② 何双全：《天水放马滩出土地图初探》，《文物》1989年第2期。

国。……是有关绵诸最原始的记载，有极高的史料价值。它明确地记载了绵诸的故地和方位。据此可知，绵诸是与大夏、竖沙、月支等国共处流沙之西的民族。确切地望虽不可考，但可以确定是一个西方中亚地区的民族是不会有大误的。"③ 王宗维先生在《西戎八国考述》中论述：西戎有八国、十二国、十四国之说。今从八国说。八国之中，若从陇山以南而论，当以绵诸戎为首。它是西戎中重要支系。兴于夏商，历史悠久，周时形成部落，为周一方国。其位置，据《汉书·五行志》："惠帝三年（公元前192年）陨石于绵诸"以及《水经注·渭水》："清水又西南，得绵诸水口。……绵诸水从清水下游汇入，位置在清水县西南。""清水入渭处在今甘肃天水县东莫家寺，绵诸在其北。绵诸水因绵诸道得名，道名又因绵诸戎居地而得名。可见'绵诸之戎的居地，应在今天水县东、清水县南部地区。'"④《水经注·渭水》还载："清水北出思溪，南入绵诸水。又东南，历绵诸故道北，（朝）东南注渭。"由上记述推定，绵诸戎故地，当在今渭水上游两岸，西与上邦县相接，天水东、渭水南甘肃清水周围这一广大地区。据传周代在这里所建的绵诸戎故城。春秋初，绵诸戎乘秦南下西向之机获得发展，成为西戎中的强者⑤。

关于"绵诸"作为县级行政区出现，雍际春先生在《绵诸道城址考辩》⑥中写到：史籍记载有两次设置，一是《汉书·地理志》西汉天水郡有"绵诸道"；二是《魏书·地理志》绵诸县，属略阳郡。

关于绵诸道（县）的城址，古籍中明确记载主要有三条：

（1）《括地志》："绵诸地（在）秦州秦岭县（今天水地区天水县东伯阳区所在地）北五十六里。"

（2）《读史方舆纪要》：绵诸城"在（西和）县东五十里"。

（3）在乾隆版《甘肃通志》秦州：绵诸故城，在州东四十五里邦山下，有故城遗址即绵诸城。

据《史记》所记载，秦武公时，其势力东起今张家川、清水，西至甘谷，南至礼县等地区，绵诸地处其中。这一时期绵诸与秦的关系，虽然史书无明确记载，但也不是完全无踪迹可寻。《史记·秦本纪》云："故自陇以西有绵诸、绲戎、翟獂之戎。"又，《后汉书·西羌传》云："于是渭首有狄、獂、邽、冀之戎。"将这两条记载来对照《史记·秦本纪》秦武公"十年（公元前688年）伐邽、冀戎，初县之"的这一史实，可知当时渭水上游一带居住着许多不同民族、部落组成的戎国，它们具有"各分散居奚谿谷，自有君长往往而聚者百有余戎，然莫能相一"⑦的特点，所以才被秦各个击破，秦武公克邽、冀就是其中的两个国家。

《史记·六国年表》也记有"绵诸"，这说明战国时期绵诸国确实存在。绵诸戎与秦早期立国的秦邑及犬丘是距离最近的相邻国，绵诸与秦保持着良好的关系或臣服于秦，最后绵诸戎部落为秦所兼并融合。

③ 徐日辉：《古代西北民族"绵诸"考》，《西北民族学院学报》（哲学社会科学版）1984年第1期。

④ 王宗维：《西戎八国考述》，《西北历史研究》（一九八六年号），三秦出版社，1987年。

⑤ 丘菊贤、杨东晨：《西戎简论》，《西北民族学院学报》（哲学社会科学版）1989年第4期。

⑥ 雍际春：《绵诸道城址考辩》，《西北史地》1994年第2期。

⑦《史记》卷一百一十《匈奴列传》。

《史记·秦本纪》记：秦厉公六年（公元前 471 年），义渠来赂，绵诸乞援。据此可知，从秦穆公三十七年（公元前 623 年）霸西戎，到秦厉公六年（公元前 471 年）这 150 余年间，绵诸不仅没有被秦所灭，而且与秦保持着和好关系并臣服于秦。"乞援"的本身说明秦能左右绵诸，绵诸臣服于秦的这一关系。故《史记集解》引《史记音义》曰："援"作"爱"。"爱"，本意为换。但是，这种和好与臣服的关系不久遭到破裂。《史记·六国年表》又云：（秦厉公）二十年（公元前 457 年）公将师与绵诸战⑧。据《史记·匈奴列传》记载："秦穆公得由余，西戎八国服于秦，故自陇以西有绵诸、绲戎、翟、獂之戎；……各分散居溪谷，自有郡长，往往而聚者百有余戎，然莫能相一。"这说明绵诸戎活动范围在陇山以西。西周以来秦人在天水一带崛起，秦武公十年（公元前 688 年），秦伐邽、冀戎取胜，并在其聚居地设立邽县和冀县。接着绵诸戎兴起于邽戎居地，从现有考古证据来说，渭河上游地区有大量战国时期秦人遗迹，最西要到陇西，南侧到岷县，可见秦人对后方的经营还是很重视。绵诸戎整体看还是一直臣服秦人的，后期灭族后，其部族存在的可能性不大，秦人对戎基本就是灭族融合和迁徙。设绵诸道可能和设冀县一个道理。秦人征服邽、冀之戎后，在春秋战国之际，绵诸戎成为威胁秦人的强大势力。秦穆公时"八戎来服""益国十二"，绵诸戎曾一度归附秦人。到秦厉公二十年（公元前 457 年），绵诸戎反叛，"公将师与绵诸战"；直到秦惠公五年（公元前 395 年）"伐绵诸"，秦人才最终征服了绵诸戎⑨。秦灭绵诸戎后，其部落组织继续存在，故西汉在其居地设道加以管理。由此可知，邽戎、绵诸戎均在邽山地区活动。

张家川马家塬戎人首领及贵族墓地的发现，佐证了张家川县及其周边地区，如马达、苗圃园、恭门镇，都有戎人遗址及墓葬分布。张家川马家塬应该属于这支戎人活动的中心区域。我们结合马家塬墓葬所出土遗物，发现既有周秦文化的因素，又有当地土著西戎文化的因素，还有欧亚草原地带、西北、北方游牧民族文化因素，与秦文化有着紧密的关系。该墓地的族属当为西戎的一支，有可能是秦人羁縻下的绵诸戎。该墓地规模大，且随葬物品丰富。发现的大型墓葬 M6，可能就是这一支戎人的首领墓。既然马家塬战国墓地是戎人首领贵族墓地，M6 又是首领墓，那么这支戎人的主要聚居地离墓地不会太远。

另外，2014 年在甘肃漳县墩坪墓地⑩发掘的战国早期戎人墓，其墓葬形制、马车舆厢、辀架结构，以及车马器具、兵器和装饰品为主的随葬品，与甘宁地区杨郎、马家塬墓地等有诸多相似性和一致性，反映出整个西部戎族群以马牛羊为中心的生活方式构成了戎人的特征。《史记·匈奴列传》正义引《括地志》曰："獂道故城在渭州襄武县东南三十七里。古之獂戎邑。汉獂道，属天水郡。"《水经注·渭水》曰："渭

⑧ 马格侠：《秦戎关系再议——以陇右秦墓为例》，《西安财经学院学报》2018 年第 3 期。

⑨《史记》卷一五《六国年表第三》。

⑩ 甘肃省文物考古研究所：《甘肃漳县墩坪墓地 2014 年发掘简报》，《考古》2017年第 8 期。

水又东迳獂道县故城西，昔秦孝公西斩戎之獂王。"汉獂道应在今陇西县和武山县之间。漳县北接陇西，东通武山，因此墩坪墓地中的西戎文化遗存可能与獂戎有密切关系。

商周时期，甘肃东部的西戎文化主要是寺洼文化。"……分布西达洮河流域，北至甘、宁交界处，东达子午岭西侧，南至陇南地区的白龙江流域。"[11] 从采集的标本看，寺洼文化陶器多见双马鞍口罐、带划纹的箕式豆、无耳高领罐、双耳罐、鬲等。学界多认为铲足鬲是东周西戎文化标志性器物，原生地当属甘肃东部一带。其分布也多见于甘谷、清水、庄浪、张家川、庆阳、平凉地区，还有河西走廊东端的永昌沙井文化遗址中也有出土。其中张家川马家塬还出土有青铜铲足鬲。年代约为春秋晚期至战国晚期。另外关中地区、内蒙古中南部地区也有少量铲足鬲出土[12]。

笔者将马家塬墓地推定为西戎的绵诸戎首领墓地，理由有如下几个方面：从该墓地存在的时间、分布的地域、出土的遗物来分析，与秦早期立国的秦邑及犬丘距离最近的一个部族，即是绵诸戎部族。将马家塬墓葬与宁夏南部已发掘同时期义渠戎和乌氏戎的墓葬，进行比较后发现，他们有着共同的殉葬习俗，即盛行以马、牛、羊的头骨和蹄骨，即头蹄组合殉葬，具有宗教祭祀和财富象征意义；还有相近的偏洞室墓特点；随葬器物及装饰品上所表现的内容也同样以动物形象为主。如：铜虎噬鹿图、铜大角羊等；有大量使用"S"形纹样做装饰。还有相同形制的车舆后门铜饰件。春秋战国时期的"西戎八国"，其血缘和地域相近，也使生产和生活方式、文化传统及丧葬习俗，出现了同一性。

铲足鬲是东周时期西戎文化的标志性器物。张家川战国墓地所出铲足鬲，应该是当时生活在该地区的戎人遗物。"在甘谷毛家坪发现了和秦文化共存于一个聚落内的以铲形足根袋足鬲为特征的'毛家坪B组遗存'。在该居址中的毛家坪B组遗存的年代可以定为春秋中晚期至战国。铲形足根袋足鬲在甘肃的天水、平凉和庆阳地区，宁夏的固原地区、陕西的宝鸡地区都有发现，并出于战国秦墓中。这种遗存可能和寺洼文化有继承关系。"[13] "……甘肃东部的毛家坪秦人聚落中和宝鸡地区的战国秦墓中都出现了显然是戎人的铲足根袋足鬲，这表明西戎的一部分在春秋以后融入了秦人之中。"[14]

在甘肃东南部地区的戎人的族属问题，多有争论。春秋中期秦穆公霸西戎后，以寺洼文化为代表的土著西戎急剧衰落，而另外一支来自北方草原地带的戎人逐步占据了陇山东西两侧，战国时期形成了强大的义渠戎国，并对秦国西北边陲构成重大威胁，直到战国中期晚段秦昭王时才最终打败了义渠戎。有学者认为马家塬战国晚期西戎贵族墓地或与义渠戎有关。

⑪ 梁云：《非子封邑的考古学探索》，《中国历史文物》2010年第3期。

⑫ 张寅：《铲足鬲的分布、年代及其相关问题研究》，《文博》2014年第2期。

⑬ 安志敏：《略论甘肃东乡自治县唐汪川的陶器》之补记，《中国新石器时代考古论集》，文物出版社，1983年。

⑭ 林沄：《夏至战国中国北方长城地带游牧文化带的形成过程（论纲）上》文中"商至春秋北方长城地带的考古学文化和族属"，《燕京学报》第14期，2003年。

1

2

图 223　戎人墓地车舆
1. 马家塬 M3-4 号车车舆左半部分
2. 墩坪 M51 车舆右半部分

我个人认为，马家塬战国墓地，就是"西戎八国"之一的"绵诸戎国"的可能性比较大。根据马家塬贵族墓地的地理位置分析，大致可断定，绵诸戎部族在今天的天水、清水、张家川等地带，都是其主要活动范围。而义渠戎活动在甘肃东北部马莲河流域的庆阳和宁夏东南部。另外，有专家认为马家塬墓地与宁夏固原杨郎青铜文化墓地，都有很多相似的地方，如：（1）都用马牛羊的头骨殉葬，（2）相近的竖穴偏洞室墓葬形制，（3）也都随葬有草原文化特征的车饰件和随身佩饰等。但这些相似处都不足以说明，马家塬戎王墓地与义渠戎有关。理由有以下五点。

第一，马家塬的竖穴偏洞室墓葬形制更接近秦安王洼戎人墓地。因为甘肃秦安王洼墓地，同样都有盛行与马家塬相似的墓葬形制、陶器及相同的马牛羊头骨殉牲传统。相比较固原杨郎，"戎人制式"的造车舆厢形制，也更接近秦安王洼戎人墓地和漳县墩坪戎人墓地的车。通过两处不同墓地出土的车舆厢做比较，无论是形制或黑漆朱绘的装饰方法，都极其相似（图 223）。

第二，在宁夏南部地区有"王族墓地"，有可能就是乌氏戎或义渠戎。也就是说，在宁夏南部地区，另有一支戎人贵族部落活动在这里，并且也葬于此。

宁夏固原博物馆征集到一批春秋战国时期的"U"形金银项饰及行走式动物金银箔饰片（图 224、225），其动物造型之美、做工之精的程度，具有"戎王级"豪华的金银佩饰，远在马家塬戎人之上，出现在固原市原州区。遗憾的是至今无法知道盗掘地点。"从史料中可以看出义渠主要的活动范围相当于秦置的北地郡，就是今天陕西西北、宁夏大部、甘肃东部一带。而义渠的势力中心所在则在今天甘肃宁县。据薛方星先生考证，义渠戎的具体位置在宁县西北二华里的庙咀坪。"[15]

第三，义渠戎有火葬的文献记载，但马家塬及周边墓地没有发现火

[15] 陈探戈：《春秋战国时期的秦戎关系研究》，西北大学硕士学位论文，2011年，第18页。

图 224 宁夏固原博物馆征集的春秋战
国时期银项饰

图 225 宁夏固原博物馆征集的春秋战
国时期银项饰及动物金银箔饰片

葬痕迹。罗丰先生在《固原青铜文化初论》中说道："义渠戎国在葬俗
方面实行火葬。据《墨子·节葬下》记载：'秦之西有仪（义）渠之国者，
其亲戚死，聚柴薪而焚之，火重上，谓之登遐，然后成为孝子'。这种
葬俗，不止一次地出现在先秦诸子的著作中，说明此习俗在当时有着较
为广泛的影响，虽然这种葬俗不应当作为识别一个民族的唯一重要的标
志，但具体确定一种文化的族属时，却应考虑这种因素。而在固原青铜
文化中，发现的几十处墓葬，没有一处是火葬或有过火葬痕迹的。那么
春秋战国时期活动于固原地区的，是西戎中的哪一支呢？我们以为可能
是乌氏之戎。近年间，我们在固原发现一件铭文铜鼎，对于进一步了解
乌氏戎的所在地有一定帮助。铜鼎为西汉初年所铸，上刻有铭文三段，

其中一段为'乌氏，一斗二升平'。按《汉书·地理志》记载，西汉安定郡之乌氏县在今固原县清水河之上游。结合文献资料可证明西汉初年的乌氏县地，应在今固原县之东南部。综上所述，固原青铜文化的主人，可能是乌氏之戎。"[16]

第四，陪葬车和葬俗。甘肃东南部及宁夏南部所有的戎人墓葬中，无论墓葬贫与富，最少也要葬一件车马器来以示陪葬车，都有陪葬车的传统习惯。漳县墩坪墓地戎人竖穴二层台墓中（战国早期），竖穴二层台是专为陪葬车而设的。二层台上会配制车舆的后门饰、车軎、车踵青铜车构件，按照整车的比例位置，摆放在合适的地方，以示陪葬车；或者车轮饰铜泡，按照左右车轮的位置摆放，以示车轮；或者将"头蹄组合"的4个马头骨，摆放在二层台中部偏东的位置，吻部向东，以示驷驾。就是没有二层台面的竖穴土坑墓，也要葬一件马具或者马饰，以示陪葬车。还有一个重要现象：张家川马家塬、秦安王洼、漳县墩坪戎人等墓葬陪葬车的方向，均一致向着东方，这也是甘肃东南部及宁夏南部所有的戎人墓葬中的一个共同现象。

第五，甘肃秦安王洼、漳县墩坪墓地等，所发现的这几处戎人墓地，同属于战国时期，时代由早期到晚期的时间跨度，但是，从现有考古材料分析，这几支西戎族群，他们有着共同的或者是相同的文化认知传统，一直是在传承着。这反映在相似的墓葬、陶器、车马的舆厢及青铜配件等形制，这些特征都同甘肃东南部地区如马家塬及其周边的马达、苗圃园、恭门镇等戎人遗址及墓葬相近。

从以上五点分析，我认为仅从马家塬与宁夏南部的戎人墓葬形制，陶器及马、牛、羊头骨殉牲习俗的相似，以及从这些考古材料去分析、认定或判断族属，理由还不够全面。我们习惯用陶器类型学原理判定文化上的属性尚可，但是甘宁地区诸多戎族有着相同的文化认知传统，反映在随葬器物上，用"器物类型学原理"来佐证族属，证据也尚欠缺。另外，还有学者认为马家塬戎人来自于乌氏戎，理由是马家塬墓地年代存在时间短，只见战国中晚期，没有发现再早或者更晚的墓葬。推测说是一支南下路过的戎人。可是，根据车辆的制作繁杂程度分析，应该是有一个固定的而且还不是露天场所，有大量汉紫、汉蓝珠饰的加工和储备，还要有懂技术、懂造车、懂铜和铁的冶炼、懂铁的煅烧、懂金银加工的技术工匠。这些工匠也一定不是贵族。短期"过路"者，不会造出"慢工出细活"的陪葬车。

总之，马家塬戎人族属多有争议，还没有最终的"盖棺"定论。

马家塬的这支王族戎人墓地，不仅出土了具有欧亚草原地带的斯基泰文化的野兽纹金银器，同时又夹杂许多秦和中原地区的文化因素的器物，如铜壶、铜鼎、铜戈、铜茧形壶、铜敦、陶釜、绳纹陶罐等。秦和

⑯ 罗丰：《固原青铜文化初论》，《考古》1990年第8期，第749页。

中原地区文化因素的器物在马家塬出现，说明这支戎族王室贵族们在秦人的监护下，和平安乐地度过了余生。

从马家塬墓葬的奢华随葬品及马车精良的制造技术可看出，虽然部分陪葬车属于原大尺寸的明器模型，但丝毫不会影响戎人的造车技术展示。战国晚期的这支戎族在文化、经济、畜牧各方面仍有着雄厚的实力，虽然臣服于秦，但仍然保留着自己的势力，并且有可能成为秦战胜六国的后备力量。游牧民族的生存方式，决定了他们有着天然的军事优势。秦人崛起的原因，也是得力于吸取和融合了周边具有军事优势的游牧民族。

甘肃东部天水、清水、张家川、秦安、漳县、庄浪等地的游牧戎族和宁夏东南部地区的戎族，与农耕民族在交错的地域中同生息共发展。西戎各族群与周边秦国、西方异域文化及中原华夏族文化的交融对流发展中，形成了几种文化的聚合与交融。从马家塬出土马车精良的制造技术、繁丽的装饰工艺，及富有的随葬品综合来看，他们的文明程度非常高，甚至有些技术高于中原地区。史料多记载戎人是西部蛮族，文明进程落后，现在看来，并非如此。这是周人出于政治目的，为巩固自己统治的正统性，刻意贬低、歧视西戎诸族。或者戎人间没有使用任何一种有象征语言表达的图画符号——文字，也可能是导致周、秦之人对戎人歧视的原因。再者，马家塬排列有序的礼仪性陪葬车现象，标志着社会文明的提升和进步。所以，西部戎人有自己的礼乐制度，并非是被中原诸国所认为的"蛮族""无礼"的社会。

拾贰　西戎之遥想

首先要说明的是，本章是在甘肃马家塬战国戎人墓群考古资料的基础上[①]，对甘肃、宁夏等地区出土的戎人墓考古资料，提出一些不成熟的看法，以期与同好共研。

（一）戎人的装束

甘肃马家塬战国戎人墓葬中，除了出土大量车辆上使用的金、银、铜及嵌金、银铁器外，还有绿松石珠、玛瑙珠及大量大小不等的汉紫、汉蓝珠；还出土了大量的域外、北方草原文化及当地土著和戎人装束有关的随身佩饰。

根据戎人墓葬所出土的随身佩饰及随葬兵器，我们由此推想西戎人的着装习俗和装束佩饰，首选应该是黄金制品。最早的黄金制品出现于公元前5000年的古埃及，最早的银器则出现在公元前4000年左右的美索不达米亚。随后，希腊、罗马、波斯、萨珊王朝等都开始了对金银器的广泛使用，黄金制品主要是贵族们日用的奢侈品，象征地位和财富。自周秦以来，中亚草原地带的部族首领或贵族也形成了以黄金装饰人身、兵器、马具以象征地位和权势的习俗。黄金制品也是中亚草原民族喜爱的随身佩戴饰品，因而草原之路又享有"黄金之路"的美称。春秋战国时期的甘肃东部及宁夏南部各个部落的西戎民族，是最喜好用黄金饰品来佩戴装束的。马家塬战国戎人墓地所出土的，如金耳饰、金臂钏、金项饰、银项饰、虎噬羊金腰带、双龙交咬金带钩等，各种包含外来因素的金、银装饰品，就是通过中亚草原地带直接或间接地传入我国的。多种形制金银佩饰品的制作工艺技术，如镶嵌、炸珠、掐丝等工艺，与欧亚草原地带的金器工艺有着密不可分的关系。"……炸珠、掐丝等工艺都属于埃及、地中海、古代苏美尔—巴比伦和波斯等地的早期传统装饰风格与工艺，……而这类工艺约在公元前5世纪末～前4世纪的欧亚草原斯基泰文化中被广泛使用。"[②]

据考古资料证明，礼县秦公墓是目前我国春秋墓中出土金器最多的，发迹于西汉水上游秦人，在使用黄金的规模上远大于中原其他诸侯。所以有学者认为，秦人的黄金来源在秦岭西部的黄金矿。也有学者认为来自欧亚草原地带。秦人地处西陲，与喜好黄金饰品的西戎诸族长期交错居住，通过贸易，也从习俗上都有着相似的偏好。

[①] 甘肃省文物考古研究所、张家川回族自治县博物馆：《2006年度甘肃张家川回族自治县马家塬战国墓地发掘简报》，《文物》2008年第9期。从2006~2014年间，连续对甘肃马家塬战国墓地进行了发掘，目前已发掘墓葬75座，可能这个数字还会增加。

[②] 王辉：《张家川马家塬墓地相关问题初探》，《文物》2009年第10期。

《礼记·王制》载："西方曰戎，被发衣皮，有不粒食者矣"，反映出戎人的"被发"特征。从这些战车的随葬、兵器和黄金饰品佩戴，来推想这支戎人的装束。再比较《将苑》中西戎之性，让我们可以直观地了解这支戎人尚武的外貌特征。《史记·魏世家》也记载："秦与戎翟同俗，有虎狼之心，贪戾好利无信，不识礼仪德行。"司马迁也说"今秦杂戎翟之俗，先暴戾，后仁义"（《史记·六国年表》序）。

诸葛亮在《将苑》中对西戎族的描述："西戎之性，勇悍好利，或城居，或野处，米粮少，金贝多，故人勇战斗，难败。自碛石以西，诸戎种繁，地广形险，俗负强很，故人多不臣。"明确指出西域少数民族"勇悍好利"，并从其生活环境等条件分析形成这种性格特点的原因。诸葛亮在《将苑》中所指"西戎"，未必就是指战国后残存的西戎后裔。虽然是泛指西部的少数民族，但是"西戎之性，勇悍好利"，是对东汉末年之前的西部游牧民族整体特征的一个正确描述。

戎，指战争、战士、军队等，西戎诸族善战、好战，不断地侵扰华夏。所以《风俗通》中说："斩伐杀生，不得其中，戎者凶也。"[3]戎用于一个民族集团的称号，就是重兵尚武、争强好胜的西部人群的意思，也可以称之为西部军事偏好或者武装化的族群。西戎各族，使我们推想到在这样的社会中，成年男子全是战士。他们过着有组织的军事部落生活，大部分时间花在战斗厮杀和狩猎之中。勇敢被视为军事化戎族人的高贵品质，成为衡量人的价值的重要准则。谁作战最英勇，杀敌俘获最多，谁就是最受尊敬的英雄。游牧民族尚武好战，既是牧民，又是猎人，也是战士。他们敬天地，畏鬼神。游牧民族与农耕民族互通往来、和平相处时，订立血盟是与邻邦建立友好关系的手段和形式，具有不可忽视的社会意义。勇武好战、歃血为盟的风尚成为游牧民族的道德观念。

马家塬所出土的武器类，主要有战车、长矛、箭囊，还有墓主佩带的短剑、戈、空首斧、鹤嘴斧；金银随身佩饰类，如金耳饰、金臂钏、金项饰、银项饰、虎噬羊金腰带、双龙交咬金带钩、贝串饰等。在M3和M4中出土有铅俑、铜俑，M50出土有银箔武士形象（图226），这是最直接、最可信的戎人着装特征。从马家塬出土的铅俑看，有游牧骑马民族的着装特征。头戴护耳尖帽，上身穿左衽、窄袖合身的短袍襦，下身着连裆裤褶，系腰带，裹脚长靴。这身具有草原气息着装风格的服饰，穿戴合体，利于骑射。铅俑呈站立状，侧身，双臂似为射箭状。M50出土的银箔武士俑，也是头戴护耳尖帽，短袍襦，长靴，拉弓射箭。我们再看公元前4世纪中期斯基泰人的着装特征（图227），这是源自于库尔奥巴的玻璃金箔瓶上的斯基泰武士形象。武士也头戴尖顶帽，窄袖合身的短袍襦，下身着连裆裤褶，系腰带，裹脚长靴。另外，还有距今2500多年波斯石壁上雕刻的尖帽塞种人形象（图228），有可能就是公元前8~

③《尔雅注疏》卷七《释地》。

1　　　　　　　　　　2　　　　　　　　　　3

图 226　马家塬墓地出土俑

1. M3 出土铅俑

2. M4 出土铜俑

3. M50 出土的两件射箭银箔武士俑

图 227　公元前 4 世纪中期库尔奥巴的
　　　　　玻璃金箔瓶上的斯基泰武士（圣
　　　　　比得堡的艾尔米塔什博物馆藏）

图 228　距今 2500 多年波斯石壁上雕刻
　　　　　的尖帽塞种人

前 3 世纪，活动在中亚和南俄草原上印欧语系东伊朗语族之游牧民族。

《史记》《汉书》中，将长城以北的游牧民族，称之为"塞"或"塞种"、尖帽塞人或萨迦人等。这些戎族和外族服装特征为头戴尖顶帽，窄袖合身的短袍襦，下身着连裆裤褶，系腰带，裹脚长靴，便于游牧和骑射，我们统称为胡服。与马家塬出土的武士俑极为相像，由此推测，在甘宁等地区的西戎诸族，他们和欧亚草原地带的斯基泰人，有着千丝万缕的联系。

其实到了汉魏至唐时期，北方少数民族入主中原，胡汉错居杂处，政治经济、文化风尚及习俗相互浸透，北方各民族的服饰特点均已全面形成。中原大地也吸收了游牧民族的胡装（图 229）。在甘肃河西地区

图 229　洛阳博物馆藏彩绘持盾武士（洛阳偃师县高龙乡出土）

图 230　敦煌唐墓模印砖

出土，魏晋和唐墓中画像砖上的胡人形象（图230），还是这种尖顶帽，着交领短袍襦，系腰带，裹脚长靴的形象。墓葬中胡人题材成了必不可少的元素。为什么胡人形象从汉晋到唐代墓葬中，以壁画或陶俑的形式多次出现？胡人牵驼从汉时起就成为一种格式化标配的题材。

在中原、陕西、甘肃的汉晋至唐代时期的墓葬中，河西地区的游牧民族，在着装上仍是以锦制的小袖袍、小口裤、深雍靴这种典型的胡装形式，没多大的变化。社会普遍的尊祖思想意识中，胡人形象已经成为北方草原游牧民族模式化、固定化的形象符号。丧葬文化中夹带着必不可少的北方游牧民族"模式化"的符号，如胡人牵驼形象的唐三彩。到了汉唐时期，战争不断，人口迁移的同时，它又为民族间文化的融合提供了有利的契机。从服装服饰上，各民族间都在相互效仿，取长补短。

马家塬M16墓主的颈部（图231），佩戴着"U"形金箔项饰和银

图 231　马家塬 M16 墓主金银佩饰

箔项饰，耳戴金嵌绿松石耳坠，右臂戴金臂钏，左臂放置短柄铜刺铁戈（木柄前端装戈，末端为銎刺，与臂等长，约 74 厘米）。腰系三条金腰带（图 232），腰间佩短剑，这是马家塬戎人贵族入葬的装束。漳县墩坪戎人墓 M22、M311，是两个未被盗扰的墓葬，清晰地呈现出墓主武装化的兵器佩带位置。M22 墓主佩戴着 "U" 形金箔项饰，左臂佩带三叉式铜柄短铁剑，在腕部佩带有铁腕钏。右臂放置短柄铜刺铜戈（长约 110 厘米）。右侧还放置有一捆木杆箭镞数枚。M311 墓主佩戴着 "U" 形银箔项饰，左臂佩带三叉式铜柄短铁剑。右臂放置短柄铜刺铜戈（长约 77 厘米）（图 233）。

　　关于对 "镈" 字的解释。就是矛或者戈柄下端的圆锥形金属套。在《礼记·曲礼上》记载："进戈者前其镈，后其刃。" 可知 "镈" 为无刃形制的金属套，安装在戈柄末端。而马家塬、墩坪的戎人使用的短柄戈，是木柄末端带有铜刺刃，是近身格斗的武器。根据杀伤原理分析，用戈如剑的援锋进行啄击，劈砍和回带钩割，就是所谓 "钩斫"；又可利用戈柄末端的铜刺，进行回刺攻击。

　　宁夏固原博物馆征集到的一批固原地区出土的春秋战国时期银项饰（见图 224、225），几乎与马家塬 M16 墓主金银项饰形制别无二致。由此可知，春秋战国时期生活在甘宁地区的西戎游牧民族，有着相同的服饰，相同的武器佩带方式。马家塬戎人墓主身上佩带的武器，虽然不多，但都有明确的佩带位置。肩部放置短柄铜戈、鹤嘴斧、空首斧，腰间佩短剑，腰系金腰带，这是典型的武士装束。

（二）戎人的祭祀

　　将自己逝去的亲人埋葬在土地里，其实，就已经包含有宗教中的尊

图 232　马家塬 M16 墓主的三条金腰带局部图

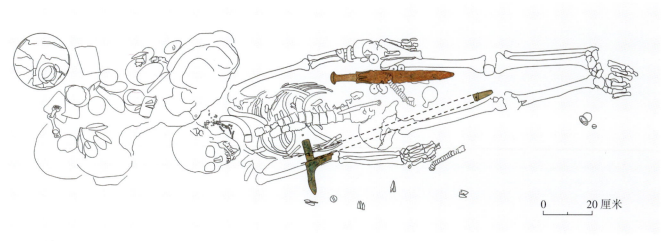

0　　　　20厘米

图 233　墩坪 M311 墓主葬式

祖含义。土，是和亲人埋葬有关；天，应该就和方向有关了。因为有了太阳的东升西落，才会有墓葬方向、墓主头向、陪葬车方向、殉牲头向的概念。其实就是对天和地的祭祀。

　　我们将甘宁地区的戎人墓葬形制、墓葬方向、墓主头向、葬车方向和殉牲头向，做比对后发现了一些相似的规律。方向的选择，与祭祀有

表九　马家塬、杨郎墓葬形制列表

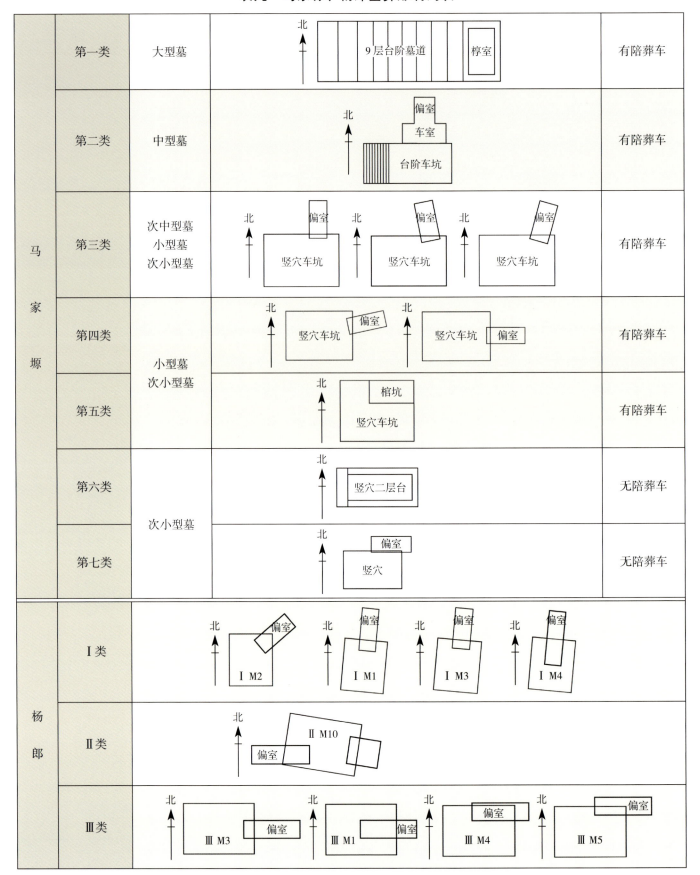

马家塬	第一类	大型墓		有陪葬车
	第二类	中型墓		有陪葬车
	第三类	次中型墓 小型墓 次小型墓		有陪葬车
	第四类	小型墓 次小型墓		有陪葬车
	第五类			有陪葬车
	第六类	次小型墓		无陪葬车
	第七类			无陪葬车
杨郎	I类			
	II类			
	III类			

着很大的关系。

马家塬墓地和杨郎墓地，两墓地墓葬形制，都以竖穴偏洞室墓居多。而且偏洞室多数都普遍低于竖穴车坑，斜坡伸进，或略低一台阶伸进。基本上是墓主头向为北和东，头低足高。只是马家塬墓室偏洞室低的幅度没有杨郎墓地大。

在第二部分马家塬墓葬简介中，我将墓葬形制分了七类五型（大型墓、中型墓、次中型墓、小型墓、次小型墓）。头向也基本选择北向和东向居多。

固原杨郎墓地位于宁夏回族自治区南部地区[④]，应该是另一支戎族部落。简报中，将墓葬形制分为Ⅰ、Ⅱ、Ⅲ型。经过对马家塬和杨郎墓葬形制列表（表九）比对后发现，墓葬形制、墓向、墓主头向只有少数几个相似。这种墓葬形制，显然是甘肃东部和宁夏南部戎人特有的墓葬形制。

秦安王洼墓地[⑤]的墓葬形制几乎与马家塬第三类完全一致，只是竖穴至偏洞室是水平伸进的。甘肃漳县墩坪戎人墓葬形制，也有与马家塬第五类和第六类相同的形制，而且墓主的头向、陪葬车的方向也一致。

马家塬墓地和宁夏固原杨郎墓地所在地区，都是处于陇山（六盘山）东西两侧[⑥]。春秋战国时期，陇山一带，泾、渭河流域，也是西戎各部族活动的范围。过着以畜牧为主，兼有少量的农业经济的生活。

殉牲现象也是最能反映出这支戎人的生活方式和价值观念。现已知甘宁地区的戎人墓中，都盛行浓重的殉牲习俗。漳县墩坪戎人墓地[⑦]、马家塬戎人墓地，还有秦安王洼戎人墓地，都有殉牲习俗。几乎所有的战国戎人墓，都进行过有用马、牛、羊来做殉牲的祭祀活动。墓道或车坑填土中，均有规律地放置马头、牛头和羊头。而且马家塬、漳县墩坪的戎人墓葬，在填埋过程中，还有多层的祭牲现象，也就是说有多次的祭祀活动。马头、牛头、羊头均正向放置，每个头骨两侧放一对蹄骨，吻部和蹄尖皆向东。说明他们有着共同的尊祖或者尊族认知传统。

戎人是游牧式的生活，游动性和以马牛羊为中心的生活方式构成了戎人的特性，这几个地区出土的戎人墓葬，无论根据它们的地域差异、埋葬习俗、野兽纹艺术制品，在大范围内，都有着相似的葬式和拥有着大体相似的物质文化。但是，至今鲜有记载关于戎人的聚落遗址的材料。墓葬区域方圆10千米内，应该是聚落遗址的可控范围是不会错的。因为族人祭拜，不会成为困难。由此看出马家塬贵族墓地，是以血缘为纽带的氏族社会，其部落的形态以此而来，都会在这一形态下，以集中埋葬的方式出现，所葬戎人贫富均有，应是所有族群成员共同的墓地。有了固定的墓地，也就可以证明，一定是会有固定的居所和城池。在《后汉书·西羌传》中记载："是时义渠、大荔最强，筑城数十，皆自称王。"

④ 宁夏文物考古研究所、宁夏固原博物馆：《宁夏固原杨郎青铜文化墓地》，《考古学报》1993年第1期。

⑤ 甘肃省文物考古研究所：《甘肃秦安王洼战国墓地2009年发掘简报》，《文物》2012年第8期。

⑥ 狭义陇山（小陇山）：地处宁夏南部、陕西西部，位于宁夏、甘肃、陕西三省交界处，千河之北就是小六盘山。古代"陇"与"垄"相通，指的是田埂，古代人们看到横亘于关中平原西部的山脉如同田埂一样，就把它们称之为陇山。

⑦ 甘肃省文物考古研究所：《甘肃漳县墩坪墓地2014年发掘简报》，《考古》2017年第8期。从2014~2018年，对漳河流域进行了考古发掘和调查，多处发现有战国时期戎人墓葬。2015、2016、2017年发掘简报，将陆续刊发。

图 234 马家塬 M17 祭祀坑

由此记载看出,有固定居所是肯定的。

下面将马家塬、墩坪、杨郎戎人墓地,殉牲祭祀的典型个例做类比分析。

(1)马家塬墓地

马家塬 M17 属于集体族群的大型祭祀坑(图 234),长 3.8、宽 2.4、深 2.7 米。坑中葬马头、牛头、羊头,部分头骨下配合有蹄骨,处在整个墓地的最东端(图 235)。祭祀坑内上下共有 4 层,有 226 个头骨,马头、牛头、羊头的头向,均有着明确的方位和方向选择,均向着东方。在其他墓葬中,所有的墓道车坑、陪葬车的方向和殉牲的头骨方向,也均向着东方。从祭祀坑内殉牲数量,就可推断当时的仪式现场规模。甘肃马家塬戎人墓地,所有的墓葬都以半环形式围绕着中心墓葬 M6,从葬式和规模可以判定 M6 的墓主,应该是这支戎族中的首领。目前学界说马家塬墓地属于戎人王族墓地,笔者认为有些不完全正确。王族墓地不代表只埋葬王公贵族,也埋葬一般平民族人。从该墓地 80 座墓中各个墓葬的规模和随葬品数量、优劣的差别来看,均显示各墓主之间存在着悬殊的等级财富差别。所以,即使是贵族墓地,也有平民族人入葬。因为戎王或首领,死后都不愿意成为"孤家寡人",他们都希望死后有贵族、

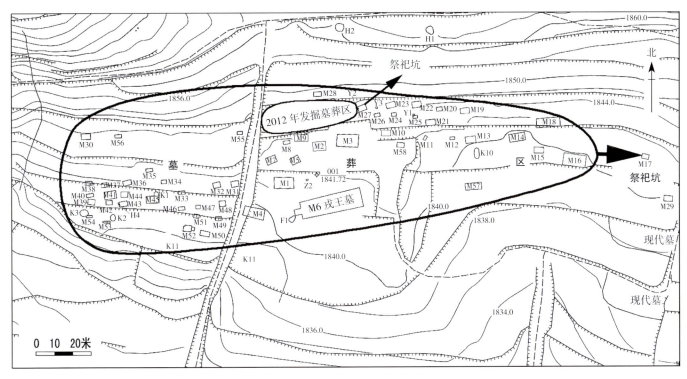

图 235　马家塬祭祀坑在墓地的位置

臣民陪伴其左右，所以陵区不拒绝自己族人葬入。马家塬这支戎人，就是在秦人的羁縻下，秦人也养活不起他们。一个社会集团，必须是由众多的臣民来"承载"，否则这么大的戎王巨墓（M6），只靠贵族自己挖是不可能的，也不符合逻辑。

M17 祭祀坑的祭祀活动，不是针对某一个墓葬，而是针对整个墓地的祭祀，包括了这支戎族社会团体中所有死去的成员。在这里说墓地举行的是对祖先崇拜的祭祀仪式是恰当的，因为墓地是埋葬父辈和祖先的地方，他们用殉牲的方式表达了对祖先的崇拜和对天地的敬畏，通过这种祭祀仪式，也使整个戎族群因共识而得以凝聚。

墓地北侧中部的 M27 祭祀坑，平面呈梯形，坑口东西长 2.65 米，西壁宽 1.7 米，东壁宽 2.3 米。坑内分三层放置殉牲：第一层摆放马头骨 2 个，面朝东；第二层较密集地放置羊牙、羊角及动物碎骨等；第三层大量出现密集摆放的殉牲，主要为羊头骨，达百余个之多，其余为少量马头骨及一定数量的马、羊蹄骨。M27 祭祀坑规模略小于 M17，应都是小范围内族群或家族的专用祭祖场。

另外，除祭祀坑外，各大、中、小型墓葬的填埋过程中，还有过一次或多次的祭祀活动，如 M6 首领墓，在距地表约 10 米处，就放置有头向东的四个祭牲马头和蹄骨（图 236）。而在 M3 开口西北侧外，有一祭祀台，高约 0.5 米，长、宽均为 1 米。上面放置有马、牛、羊头骨及蹄骨。这些均为祭祀现象，但在简报中均未提及。

图 236　马家塬 M6 填土中祭牲马头和
　　　　蹄骨（自东向西拍摄）

（2）墩坪墓地

位于漳县三岔镇的墩坪战国早期戎人墓葬中，有些墓葬虽然小，但用于马牛羊头祭牲的数量一点也不少。据不完全统计，用于祭祀的殉牲头骨，少则有 12 个，多则达到 100 多个，如 M28 有 144 个，M37 有 100 个，M38 有 120 个；M52 墓口还有专用祭祀坑。若是墓地没有被盗扰，数量远不止此。从这些庞大殉牲数量来分析，可以得知这是属于一种族群祭祀祖先的集体活动。虽然填埋时殉牲头骨方向多数是混乱的，但墓的朝向、墓主的头向都选择了东方，即使在埋葬墓主的二层台面上，也是有规律地选择了祭牲头骨吻部向着东方，这是共同祭祀的方向。

（3）宁夏固原杨郎墓地

杨郎戎人墓地和甘肃东部戎人墓地，它们有很多相似之处。杨郎戎人墓地的 Ⅲ M3 和 Ⅲ M4 殉牲数量最多，Ⅲ M3 有 54 个殉牲头骨，Ⅲ M4 有 51 个殉牲头骨。与马家塬墓地有规律的殉牲头蹄组合相比，杨郎戎人墓地殉牲的头、蹄骨多数置放紊乱，且无规律。仅 Ⅰ M1 和 Ⅰ M3 部分殉牲置放有序，也是头骨下配合有蹄骨。"一般在 10 具以上，多者可达五十多具。明显是具有财富象征和宗教祭祀等多重意义。"[8]

笔者认为，张家川马家塬、秦安王洼还有漳县墩坪的戎人，均以太阳作为方位的参照，这并不意味着戎人是以太阳作为他们的崇拜神。太阳的东升西落，是他们对大自然的认知和对天地的敬畏，也是最简单的方位认识，是选择墓向最直接的方法。戎人墓葬祭牲现象，进行过一次或者多次和太阳朝向有关的祭祀活动，应当是游牧民族原始的尚血观念和勇武好斗的性格使然。从单个墓葬祭牲所用马牛羊头的数量和肉食的消耗量分析（只祭马牛羊头和蹄骨，其他肉食均为众族食用），应该是属于团体祭祀，参与人数很多，场面宏大。

⑧宁夏文物考古研究所、宁夏固原博物馆《宁夏固原杨郎青铜文化墓地》，《考古学报》1993 年第 1 期。

后　记

　　2008 年，我有幸参加了甘肃省张家川回族自治县马家塬戎人墓地的考古发掘；2015 年，参加了漳县墩坪、灯笼沟戎人墓地的考古发掘。看到战国时期的车马遗迹，对我触动很大，这一件件珍贵的出土文物、精美的战国戎人古车及其随葬品，令我目不暇接又夜不能寐……虽然车坑内的马车，因为填土重力挤压而扭曲，或溃不成形，但车辆的造型和工艺设计的精美，深深吸引了我。在发掘工作的过程中，我从欣赏、仔细地观察研究到想将车辆复原，这是一个渐变的过程，这得力于我能够用绘画造型的眼光，用独具的观察力去发现别人不注意的地方，不断去推想、去还原，逐渐我的脑海里就浮现出了车辆立体的样子，萌生了复原车马的想法。

　　想起来容易，但做起来并非易事。自然的破损、墓室的坍塌、混乱的土层及盗墓造成人为的破坏等等，给研究增加了很多未知的难度。以上种种因素，在复原车辆中主要形成了以下几个难点：

　　（1）由于重力挤压，造成对车辆的结构难以辨识，有时甚至会误判。

　　（2）车辆的木质结构与土质土色的辨别分析。有些木头因为腐朽，形成空腔，造成土质和木质难以区分；有些是重力挤压下空腔消失，只能从土质土色来反复观察才能区分。

　　（3）贴附在车辆上的青铜构件功能的分析。

　　（4）金、银箔装饰片的锤鍱、錾刻工艺分析，髹漆纹样绘制分析，玻璃态珠饰的穿系方法分析，舆厢装饰面的布局分析等。

　　（5）车舆栏杆的木质榫卯结构穿插和叠压关系的辨别分析。

　　（6）车辆辨识还原后，根据形制对车辆进行分类。

　　（7）装饰纹样中，对动物、植物、几何等纹样的分类，并追源。

　　在这十三年中，我们反复思索，查阅资料，先辈们的研究成果也给我们以启迪，我们几易其稿，甚至不断地推翻前面不成熟的论点。

　　在复原过程中，我们脑海中此起彼伏地涌现出远古的画面：那些茹毛饮血、骁勇善战的马背戎人；那些饰于颈腰间、做工精美的金银饰品在皇族贵胄们的酒樽交错中闪闪发光；那些勇士们在漫天风沙中，驾着驷马独辀车疾驰于兵戈疆场……这些想象中的画面，深深地吸引着我们。我们擅长绘画的强项，为研究提供了基础的帮助，如对形象的敏锐感知、图像的辨识、造型的工艺设计方法、对立体构造的联想，再运用我们的画笔并配合电脑绘图，绘制出了大量平面的、立体的效果图，给读者以直观的视觉感受。

　　西部戎人的马车，是那个时代科技与文化的精华，蕴含了多元文化的因素。马车的复原，以无以言表的说服力，再现了古车制造的技术和工艺。马车的复原图是依据出土实物及文献资料，不断的分析、思考、拼合，结合现代的制造原理再设计，还原古戎人的思想及智慧，填补了我国车辆发展史中戎人造车的空白。历尽艰辛最终将这些成果呈现出来，我们想通过努力留存和展现给更多的人。如果本书中有缺点和错误，是我们水平有限，请专家和读者不吝批评指正。

　　本书中古车 3D 模型复原图的设计及绘制，由赵天（女儿）完成。

　　《战国戎人造车》终于出版了，非常感谢甘肃省文物考古研究所及陈国科所长，对本书的出版给予了大力的支持和帮助。同时戴春阳研究员、张德芳研究员对我们的研究予以鼓励和指导，在此一并致以衷心的感谢！

赵吴成　马玉华

2019 年 12 月